お父さん出番ですよ

●お母さんは見えるがお父さんが見えない
●父親は黙って見つめていた●後ろ姿の躾
●堂々とお父さんをやろう●フルネームで呼
●亡父への一筆啓上●中学生に語る「愛の講

佐野恒雄

日本教文社

はじめに

わが家に子どもの相談に訪れるお母さんや定期的に来訪する保護観察の少年たちに会うと、その家庭が混乱していて、崩壊の危機を感じることがあります。まるで、大黒柱の抜けたように家が外圧に揺さぶられているのです。その中で不安におののいているのが子ども達です。その大黒柱とは家族の中心として家を護り子どもを育てる父親であります。その父親に「もっとしっかりと子ども達を守ってください」と訴えたくなるのでした。

平成六年三月に三十九年間勤めた教職員を定年退職し、その年に保護司を拝命しました。また、その年四月、臼杵《うすき》市福祉事務所の家庭相談員を委嘱され、不登校生の治癒を支援してきました。平成七年四月から臼杵市の市報に「相談室の子どもたち――いじめの根っこを探る」という題で一文を連載しました。そのことが財団法人新教育者連盟の「生命の教育」誌編集長永谷雅仁先生の知るところとなり、平成十年より同誌に同題で書かせていただくことになりました。平成十一年四月から「お父さん出番ですよ」、続いて平成十二年八月より「中学生に語る『愛の講座』」を連載させて頂きました。

本書に掲げた教育事例は昭和三十年から平成六年に至るまでの学校在職中の実践事例であり、家庭相談員・保護司の実践事例から取り上げたものです。読者の皆様のご参考になればこれに越した幸せはありません。

本書の各事例の中に出てくる児童・生徒・少年の氏名は、プライバシー保護のため全員仮名であることをご承知下さい。

なお、本書の出版に当たり、多大なご愛念と懇切なるご指導を下さった日本教文社の有馬勝輝氏に深くお礼を申しあげます。

平成十四年一月十日

佐野恒雄

お父さん出番ですよ　★目次

はじめに

お父さん出番ですよ……7

父親がそこにいたら……8

お母さんは見えるがお父さんが見えない……8

レッテルを貼りつけないで……12

父親は黙って見つめていた……33

好きこそものの上手なれ……48

後ろ姿の躾……51

生きて働く家族……57

堂々とお父さんをやろう……66

何が子どもたちを変えるか……73

フルネームで呼んでみたら……73

下水流しの省二……77

幸せ学級作り……83

割れ目があればそこから生命が出てくる……93

家庭の独裁者を演じる不登校……102

自分の善性を認められればそれが出る……117

亡父への一筆啓上……124

「東京見えたか！　上海見えたか！」……124
彼女の人柄判ったでしょう、お父さん……134
父性と支える母……140
無駄なことは何もなかった……145
三人の子の親父として……155

中学生に語る「愛の講座」……163

「違い」が生み出す新しい価値……164

学年長の講話……164
好きだったら結婚してもいいの……182
あだ花は実らず散る……224
ヴィーナスの恥じらい……232
後日談……240

あとがき

装画・カット　岸本　方子

お父さん出番ですよ

父親がそこにいたら

お母さんは見えるがお父さんが見えない

平成七年度、私の勤めていた臼杵《うすき》市福祉事務所の家庭相談室で扱った児童・生徒の総数は三十四名でした。

その内訳は、無職少年二名、高校生四名、中学生二十三名、小学生五名でした。その内、不登校生二十九名で、あと五名は非行によるものでした。また、母子家庭は四軒で、あとは皆両親の揃っている家庭でした。

来所相談や家庭訪問による相談にしても両親が揃って相談に来る家庭は滅多になく、大抵はお母さんがやって来ます。いろいろと話を聞いていて気付いたことは、家庭の中でお父さんの影が薄く、お父さんの役割が摑《つか》めないのです。家庭の中で「お母さんの姿は見えるが、お父さんの姿は見えない」と各市の相談員も異口同音に言っています。

私がかかわった不幸な子どもたちは、現代の我が国の子どもの問題の姿が現れていると言っても過言ではありません。不幸な生徒はほとんどが自己中心でわがままで、その上甘えん坊です。そのことが他人とのかかわりを上手《うま》くいかせず、厳しい友達集団から次第に離れていくことになります。また、年上の人によく懐《なつ》き、優しい先生や大人の温かい保護の下に安楽を求めていきます。だから「こころよい」と「きつい」等の皮膚感覚で自分の行動を決めることが多くなります。従って理想や向上心や努力の意志は薄い。耐える心が未発達の彼らは、すぐに感情を高ぶらせ「切れる」ことになります。内向すれば神経症的な全く無気力の様子を見せます。その子達は美的意識や品位も恥も感じる余裕がない。進路や進学には意欲はあるが、実現のための一歩が出ない。何かの強迫観念に縛られて立ち上がることができない様子を現します。

これらの病的現象の原因は、父性の失われた家庭で育った子どもの症状です。父親はいても、父性の失われた母子共生家族や、ホテル家族によると見なされています。そこに父親はいても、フレンドパパや大人に成り切れない未熟パパ、それに暴力的に強権を振り回す父親では、それらの家族も父性が存在しているとは決して言えないのです。

中心としての父親

子どもの心の健全な発達には父性が必要です。父性が歪んだり、不足すると子どもの心は健全な発達を遂げることはできません。父性とは何だろうか。その「父性」を辞書で引いてみると、「男性の持つ、父としての性質↔母性」と出ています。父としての性質と言うと、これは分かったようで難しい。それを家庭における父の役割と言えば言える。常識的に言うと、「家族をまとめ、常に家族に理想を語り、社会や家庭の伝統や文化を伝え、ルールを教える」というところであると思います。

父親とはどうあるべきか、難しい言葉を並べればいくらでも表現できるでしょうが、本書でご紹介する事例の多くは、向こう三軒両隣にいる普通の父親が対象で、ただ父親がそこに顔を出しただけで子どもが変わっていった、父親の存在が子どもの意識の中に入ったとき子どもが変わっていった事例が多く、ことさら難しい父親論を実践した結果よくなったというようなものではありません。

高度経済成長の時代以来、子育てや教育は母親の役割という、暗にそのような雰囲気が一般化し、教育の場から父親の姿が見えなくなりました。しかし、もう老齢にいたった私たちの父親たちが教育にどれほど熱心であったかというと、今の感覚とはまた違うものがあります。ただ言えることは、家には父親の姿がしっかりと存在していたことは確かです。

何も言わないでも教育できる、ただそこにいるだけで子供が育つ、お母さんの教育とはまた違った子育てのあり方を通して、家庭の中の父親の存在価値を改めて認識してみたいと思います。

レッテルを貼りつけないで

思い込んでしまう

相談室でいじめっ子や非行児がもらす言葉に「いつも、自分だけがしかられる」という不満の声があります。そのことばを鵜呑《うの》みにできないにしても、分かる気がします。

私たちは人を見るとき、既に思い込んでいる心に囚われ、それを本当と思いがちです。「いけないこと」と思いながらついそう思い込んでしまう心があります。このことを「レッテルを貼る」と言います。

こういった親や先生方の無意識に「ふと思ってしまう思い込みの心」が子どもに強烈な影響を与えるのです。

「稀代の怪盗」の入学

哲ちゃん（仮名）は「稀代の怪盗」といわれる盗みの天才でした。万引き、置き引きの名人で、哲ちゃん兄弟とそのグループが通ると商店主は店の戸を閉めるほどでした。

哲ちゃんは不幸な子でした。父親は長距離トラックの運転手で、母親は二人の子供を産みましたが、下の子がまだ一歳にならないころ、哲ちゃんが三歳のとき蒸発し、祖母に預けられ育てられました。

お父さんは、長距離トラックの運転手だから滅多に家に帰らない。だから二人の子をおばあちゃんの所に預けていたのです。今私のうちに一歳半の孫がいますが、あれを預けられたら、にぎやかになるのはいいけれども、正直苦労します。食べさせて、物心ついたときにお金やって、哲ちゃんのおばあちゃんどうやっていたのか……。哲ちゃんは小学校の三年頃から盗みをはじめたのです。

そして彼は小学校四年生頃から手がつけられなくなりました。

小学校五年生頃は既に彼は仲間をつくって商店に入って、仲間の一人が「おばちゃんアメをおくれ」と言って、アメのところにそのおばちゃんを引っ張っていく間に、レジのお金を盗《と》って逃げる。ある日、生協のスーパー店で六、七人子どもたちを連れてそこでワイワイ騒がせて、気を向こうにそらせ、その瞬間、哲ちゃんはレジの中から一万円札を握ってそしてポケットの中に入れた。

そして自分の部下に金を渡して、彼と弟がタクシーを呼び止めて逃げようというときに捕まった。

五年生になって矯正施設に入れられた。N学園という、そういう少年たちの入る施設に入った。だから彼は居住地域の人たちから見ると大変な悪名高き窃盗犯でした。しかし、彼の偉いところは、そうしてとったお金や品物を、決して自分ひとりのものにしないというところでした。

六年生の二学期頃施設から帰ってきました。小学校のスポーツ少年団の野球部に入って練習するけれど、体が小さいこともあってなかなか続かない。

父親が家にいない状態、後添《のちぞ》えにもらったお母さんというのが、酒乱の夫と離婚して自分の子どもを、娘が三人いたのを施設にいれて、自分は彼のお父さんと結婚したのですが、哲ちゃんは前歴が前歴ですからすごく受けが悪い。義母は哲ちゃんに親しみをもてない。施設に入っている時だけホッとする。帰ってきたらまた悪いことをするから、なんとか施設に入れてくれというのが口癖でした。

そんな状況で私の赴任する中学校に入って来たのです。転勤して行ったときから「今度は先生、大変なものが来るぜ。先生頼むぜ」と校長から言われました。

「なに、どうしたんですか」

「〇〇小学校から来る生徒でね。哲ちゃんといって万引きでN学園というところから六年の二学期に帰ってね、この学校に入るんだ」と。「だから頼む」といわれ、福祉事務所の相談員からも「こういう子どもだからお願いします」とたのまれました。

私も同じ街に住んでいて、ああ、あの子かと思い出しました。夕方公衆浴場にお母さんと一緒に、お母さんは新しい旦那との間にできた赤子を背負って、道具は哲ちゃんが持って、夕日を背景に弟とならんで歩いて行く姿をシルエットみたいに思い出していました。

彼は額《ひたい》が広くスキッとした顔立ちで、目がクリッとして可愛かった。

入学式の時に「哲ちゃん、お前のお母さんは?」と言ったら、

「来《き》ちょらん」

「どうしたんか?」

「わからん」

「今日来るのか?」

「さあ」

そんな調子でしたので、

「まあ来んでもいい。お前の親は俺が努めたる」

式が終わって集団で写真を撮るという時になって、向こうから真っ赤なツーピースを着た、スナックのママかな、と思えるような女性が来ました。

「佐野先生？」

「そうです」

「よろしくお願いします」

「あなた誰ですか？」

「山田哲也の母です」

「えっ！　あんたそうなの？　遅いじゃないの」

思わずそんな言葉が出てしまいました。実際遅かったですね。そして一緒に帰るかと思ったら、「ちょっと私、用事があります」と言ってすぐ帰ってしまって、これは大変だなと思いました。

ただ哲ちゃんという子は、見た限りでは、優しい目のクリッとした鼻筋の通った、ちょっと澄ました顔の優秀児です。窃盗や万引きをする子は馬鹿な子はいないですね。小柄な哲ちゃんは丸坊主で潤《うる》んだような大きな目、その目から鼻へツンと抜けるような利口な顔立ちで、哲ちゃんを〝見学〟に来る女教師や女生徒は「かわいい！」と異口同音に言っていました。

四月、五月の哲ちゃんは真面目に学校生活をしていました。友達もできたようでした。

哲ちゃんに対する関心は鎮まったようでしたが、やはり注目されていました。朗読なぞ「俺より上手い」という同級生もいます。数学も人並み。

衝撃

五月、連休が続き、でも哲ちゃん、なんてことないじゃないかと思うようになっていました。五月あたりから六月にかけて縄文時代の体験学習として竪穴式住居をつくっていました。そのころ六月頃でしたか警察から「ちょっと山田哲也のことで」と電話がかかってきました。

「どうしたんです」

「窃盗したんです」

「えっ！」と言ったのですが、聞いてみるとまあいろいろやっているのです。

彼は自分が作り上げた行動に、つまり自分のアリバイ、自分の無罪を主張するための行動や日程はキチンと覚えていて、それを間違いなく最初から最後まで覚えて立証するから、我々はそれを信用せざるを得ないわけです。なかなか白状しないのです。五月十五日車上狙い、六月四日窃盗。六月十二日車上狙い。窃盗。駐車場に少しでも窓の開いている車があるとそこから手をつっこんで開ける。弟が一緒に加わっていた。

いずれにしても彼は私などものの相手じゃない。教師として私ほどごまかしやすい先生はいなかったと思います。

五月頃はまだ良かった、そう思っていました。六月になってもいいと安心していた。いいじゃない。やるじゃない。勉強するじゃないかと思っていた。六月頃になると土曜夜市というのが市内商店街で始まるのです。夜市が最上の稼ぎ場です。駐車場や商店街に入って回って、商店に入ってばあちゃんを巧くごまかしている。

六月に窃盗で補導されました。調書によると四月に四回補導され、実に二十数回、数万円の窃盗を働いておりました。私も驚きましたけれど、学校中に衝撃が走りました。

先生方には「生徒指導主任、あんたは生温《なまぬる》い。そげな生徒は明日から施設にやってください」と言うものもいる。

それで家庭訪問を随分しました。家庭訪問をすると母親は開口一番、

「施設に入れてください」と言う。

「あなた、施設に自分の子どもが入るのがそんなに嬉しいんですか」

「しょうがありません。私、手がつけられません。施設に入れてください」

お父さんにも会いました。お父さん、困ったなあというような顔をしているのです。

哲ちゃんの非行は七月の上旬まで止まらなかった。教師も生徒も両親も相談員も警察も、とにかく哲ちゃんに対しては手のつけられないひどい盗癖の子という先入観があった。稀代の怪盗だと。

でも、哲ちゃんは学校では盗むようなことをしないし、学校で置き引きをするようなこともない。実に真面目です。しかも目から鼻に抜けるようなつんとした素晴らしい顔をしているし、そして掃除も真面目にやる。

そんな姿を見ている私には、いい子にみえるのです。いい子、悪い子というのは、どういうことなのかということを当時は考えることはなかったけれども、私は、この子はいい子ですよ、いい子ですよ、ただ窃盗するとか万引きをするとかは悪いことですけれども、学校ではいい子なんだ。つまり今いい子なんだ。今いい子を、私たちの目の前以外でやったことをわざわざひっくり返して、悪い子だというのはおかしいんじゃないですか。そう言うと、「また佐野先生一流の訳のわからないことを言う」と言われていました。

とにかくみんなの目が「稀代の怪盗」「ヒドイ盗癖」という色眼鏡で哲ちゃんを見ている。だから哲ちゃんも身の置き所がないのです。一旦そういうことになると、先生たちの目は、四月当初とは違ってきているのです。「がんばりよ」という言葉をかけるけれども、言う人のそういう先入観を持っている響きと態度に、哲ちゃんは非常に敏感な子どもです。まともな励ましも、哲ちゃんにはそうとれなかったようです。

それでも一所懸命がんばった。私にはそう見えました。だから校長先生が、

「哲ちゃんはどうですか。もう矯正施設に入れますか」と話し合いの席で言ったときも、私は反対をしました。

「ああ、入れるのはたやすいですよ。しかし入れたからといって哲ちゃんが良くなるか。哲ちゃんは五年生から六年生まで入っちょった。でも良くなっていない。だから入れたって良くならない。普通の学校でこそ直る」

「直さなければならないのは、教師や周りの人の哲ちゃんを『盗癖の子』と観《み》てしまう先入観である」

「哲ちゃんが盗みをしていないときは、普通の生徒と同じであり『善い子』である」と

訴えました。

哲ちゃんを「僕は施設に入ってもいい」と言わせる程に追い込んだのは、現実に現れた悪い姿を、本当の哲ちゃんとしか観ることができない教師や親の先入観でした。

「哲ちゃんの現れている姿の奥に本来の善い姿があることを信じ、認めないとき、哲ちゃんは決して良くならない」と主張しました。先生方はけげんな顔をしていましたが「そんなこと言って本当に矯正できますか。担任ができると言うのならば、担任に任せるしかない」と私に任せることになりました。私は「善くする」ことを「矯正する」こととしか考えられない先生方の考えにガッカリしました。


哲ちゃんは自分でも「もう僕、施設に入る」と言う。その時哲ちゃんは普通の公立中学よりは特殊な施設の方が住み易いと感じたのかも知れません。

「何言っているんだ。入らんでいい。お前は盗んでいないときには良い男だ。盗んでいないときには良いお前だ。お前は素晴らしいのだ。入る必要はない」ということで入らせなかったのです。こうして哲ちゃんは学校に残るようになりました。これから哲ちゃんに貼り付いたラベルを剥《は》ぎ取る作業が始まるのです。

お前は偉い

小学校二年生の頃から子どもが万引きするということは、魂の底から親の愛情が欲しいという気持ちの表われです。愛情飢餓の状態ですから、私の言葉で何と言ったってどうしようもないのですが、だからと言って黙っていてもどうにもならない。だから私は「哲ちゃん、お前偉い」と言った。「俺よりよっぽど偉い」

哲ちゃん、キョトンとした顔をしています。

「今まで気付かなかった哲ちゃんの良いところを見付けた」

哲ちゃんはいいイメージを自分でも持っていないし、私もなかなか見付けきれない。そこで正座瞑目合掌し、無心になって哲ちゃんの最高に善い姿を心に描いていたら、あっそうかと思った。当たり前のことを言えばいいんだと思ったのです。それで哲ちゃんを呼んだ。うつむいている哲ちゃんに言いました。

「哲ちゃん、お前は学校から一回も盗んでいない。友達の金とか、学校の品物を盗んでいない。お前は学校思いだ。友達思いだ。お前は偉い」と。

もう一つある。盗んだものを独り占めにしない。彼にはちゃんと自分の金庫があるのです。お宮の石段のちょっと人目につかないところの、石垣の空洞の中に入れていた。あるいは竹藪《たけやぶ》の竹笹《たけざさ》の中にある竹筒の金庫に入れていた。でもそれはほとんど仲間に分けてあげる。だから仲間ができるのです。

また彼らの話では、彼の同級生で今村君（仮名）というのがいましたが、「今村君、隠れんぼしようよ」とさそってよく家の中で隠れんぼをした。そして隠れんぼが終わって帰るのですが、それからトラブルが始まるのです。今村君のじいちゃんが、ばあちゃんに対して「お前、おれが置いとったお金盗んだろ」。ばあちゃんは「私は盗んでいませんよ」。じいちゃんはいつも天井裏にへそくりを置いていたのです。哲ちゃんがそれを見付けるのにはあまり時間はいらない。金銭に臭いがあるように、それがある所に斜めにつっきっていく。そしてそれを全部は盗らないのです。少しは残す。

ばあちゃんは簞笥《たんす》の右下の引出に入れていた財布も被害にあい、ばあちゃんも「じいちゃん、私の盗ったでしょう」――こんなトラブルが多かったと言います。

「車は余り儲からんわ」と言っていましたが、商店やあらゆる場でやっていた。それで持っている竹筒の中に入れて、それをいかにも塀の竹竿のように隠していた。頭脳明快です。それを仲間と分けるのです。

「お前な、一度だって自分で独占していないな。すごい、お前は親分だ」と私は言いました。

そしてもう一つ。哲ちゃんは親の悪口を一度も言ったことがない。

「お前は素晴らしい。お前とお前のお父さんお母さんの間には色々あるけれども、お父さんお母さんの悪口を一度も言ってないね」と。「これは素晴らしい。うちの学校でお前が一番だ！」と言いました。親の悪口を一度も聞いていない。お前は本当に親思いだと。

それから掃除が一番上手《うま》いのです。そりゃそうでしょう、施設で毎朝、監督官のもとで掃除をするのですから。洗う時も雑巾をギュッと絞って、たたんで、そして板の目に沿って、これが本当にすごいのです。だから掃除の時間になると「はい、みんなこっちへこい。哲ちゃんのを見ろ」と言っていました。「哲ちゃんお前、掃除は学校で一番上手《うま》い」。それは私が言うだけではなく隣のクラスの先生も言っている。学校中の生徒たちも認めている。

それからもう一つは正座をさせると、三十分坐らせようと四十分、一時間坐らせようとピタッと正座する。「お前偉い。すごく我慢強い。たいしたもんだ」

もう一つこんなことも言いました。

「お前は将来、人を指導する役割につくように運命づけられている」

「えっ」

「だって俺の少年時代、中学時代、万引きしたことがないんだ。黙って他人の家に入る時どんな感じか。そのときどんな思いなのか、ということを俺は知らんのよ。俺は教師としてそのことを知らんのよ。だから俺はお前に対して、お前のどんなに悲しい気持ちでそのときの盗りたい盗りたいという気持ちとなるのかよくわからん。だから、俺はお前を上手《うま》く指導できんのだ。ただそれは悪いというのはわかっちょるんよな。悪いけど、そうしたいんだよな」

「うん」

「そうか。でも俺は上手く言葉で言えないんだよ。だから、教師として俺はお前には失格だ。でも、お前は知っているはずだ。だからお前はね。大きくなって少年たちにな、そういうことをしようとする少年たちや、あるいはそういう大人、そういう人間に対して俺より数段高いところからお前は指導できるんだ。お前も先生になってみろ」

初めのうち、うつむいていた哲ちゃん。恥ずかしそうな顔をして、やがて疑わしいような顔になり、あとはちょっと微笑《ほほえ》んでいました。

私は「お前はもともと良い人間なんだ」と力強くそこで宣言をしました。

「哲ちゃんの悪い悪いと思っているところはね。本当は見方を変えるとお前はすごいだよ」という話をしたのです。だからそこで哲ちゃんが目覚めたとは言えません。でもそれから哲ちゃんの私に対する目が違ってきた。今までうるさい男やなーという顔で私を見ていたのが、見つめる目が違ってきました。

九州一周トラックの旅

それから哲ちゃんは陸上部に入りました。「哲ちゃんよ。お前、我慢強いから長距離やってみよ」と。それで陸上の先生に「とにかく夏休み中見てくれませんか」と言って陸上部に入らせました。

そのころ、私は大分大学教授の安東利夫先生と母親教室をつくり、近隣のお母さんたちを集めて生長の家の教育を教えていました。哲ちゃんのお母さんにぜひ出るように呼びかけるのですが、来てくれません。それなら、お父さんにと思って誘ったら、思いがけず来てくれました。そこで「哲ちゃんを良くするのも悪くするのも家族の哲ちゃんに対する思いです。あなたの思いを変えれば大丈夫、きっと良くなります」と言いました。また「哲ちゃんは本来すばらしい子どもだ」ということを実例で話しました。お父さん、信じられない顔をしていましたが「そういえば、確かに最近の哲也は前と少し違ってきた」と言いいました。哲ちゃんのお父さん、ホッとした顔で帰って行きました。

「哲ちゃん、お前お父さんと話をするんか」と聞くと「せん」と言う。お父さんは長距離トラックの運転手で日本国中を駆け巡っていることで、哲ちゃんとあまり会話がないようです。そこで「お前、お父さんが九州管内で物を運ぶとき一緒に乗せてもらえ」と言ったのです。そしたら、夏休みも終わりの頃、一週間ほど乗せてもらったと、哲ちゃんがわざわざ報告にきてくれました。哲ちゃんは口は重いが、うれしそうに様子を話してくれました。宮崎、鹿児島から熊本、福岡と一回りして大分に帰って来るまで一週間、哲ちゃんは小さな体で、ロープを回したり、外したり、幌《ほろ》を掛けたり、取ったりしたという。ロープを回すのが一番難しかったという。又、有明海の夕日が美しかったと話してくれました。おそらく、あまりにも美しい有明海の夕焼けに、お父さんはトラックを止め、父子が堤防に腰掛けて黙って見入っていたのであろう。いい風景だなと感動しました。

お父さんも哲ちゃんもどちらかと言えば口下手《べた》である。しかし、助手席にいた哲ちゃん、父の仕事ぶりをしっかりと見たであろうし、ポツン、ポツンと話もあっただろう。手伝うときにはひどく注意もされたであろうし、叱られたであろう。しかし、賢い哲ちゃんであるから、父の仕事の厳しさも分かったであろう。この、夏休みの一週間、哲ちゃんは生涯忘れられないすばらしい体験をしたのです。そのことを思うとこちらまで嬉しくなりました。

ある日、お父さんに「あんた、走るのはどうな」と聞いたら「私、長距離は上手《うま》いよ」と言う。「ああそう、そんなら哲ちゃんと一緒に、川のトリムコースでジョギングをしたらどうですか」と言いました。それから哲ちゃん父子が川の土手や村の道を走っている姿を見たとの報告が生徒から来るようになりました。

お父さんは、万引き、窃盗その他については、その実態をよく摑んでいなかったらしいが、いろんな状況で彼は彼なりに頑張ったですね。

それから夏休み中、哲ちゃんは一度も陸上の練習をさぼらなかった。

第一、根は真面目なのです。掃除などは人並みにさぼることもあります。しかし責任もってやらせたらやります。そして明るくなりました。目の光がちょっと違ってきました。今まで伏目がちだったのが、じっと私を見つめるようになった。

そういうことがあって二学期に入ると、盗みをピタッとやめました。

九月の末に運動会があって、その運動会で彼は一年生でありながら全学年一緒に走る三千メートルの長距離走で六位になったのです。そこで哲ちゃん一躍有名になり注目されてくるのでした。

ところが二学期の中間テストで、哲ちゃんはカンニング事件を起こしました。国語で九十六点を取ったのです。しかし、私は「お前はカンニングをしてまでも好い点を取り、親を喜ばせようとするところは良い。お前は頑張ればそのくらいの点はいつでも取れる」と励ましました。

そのうち、夏休みに部活を一度も休まなかったと、陸上部の監督と私が喜びの話をしているとみんな先生方も聞いており、それから運動会の長距離走で六位になったということ、学校を欠席しないということ、そういうことで私はもちろん監督の先生、他の先生方が喜んでいることが、学校中の先生方や生徒が哲ちゃんのラベルを善い方に貼り替えるようになり、そういうことが哲ちゃんをどんどん良い方向に伸ばしていったのです。

陸上部の三千の成績が、最初哲ちゃんは十三分〇五秒だったのが十二分三十秒、十二分、十一分三十秒、ずっと良くなって、ここにある記録を見ると十一分二十五秒です。

勉強もよう頑張りました。私の教科である社会科では七十点以上とるのです。それも割と難しいのを。その後哲ちゃんは国語や社会では八十点以上はたいてい取れるようになりました。

真面目な頑張り屋

そうやって、二学期、三学期問題を起こすこともなく、陸上を熱心にやって、勉強も頑張りました。

哲ちゃんが二年になって私は担任が変わりました。私は同学年の言語能力がちょっと落ちている女生徒をみることになったのです。三年になったら三年でまたいじめ学級をみてくれということで、そんなことで哲ちゃんと別れたわけです。

三年の二学期、それまで全く影《かげ》を潜めていた盗癖が一度出たという。こんなことを言うのは悪いけれど、哲ちゃんと学年の先生の間が本当に上手くいっていたのか。そこに問題がありそうでした。親子が以前と違い良好な方向に向かっていたとは言え、まだまだ波風もあったであろう。担任教師が哲ちゃんを見るのに、以前のレッテルを剥《は》いでも、心のどこかで元盗癖の生徒と観《み》る心の傾向があるとき、そこにその姿が現れるのです。

大抵の中学生は集団の行動規範を破る。そのことが成長過程にはめずらしいことではありません。そんなことが必要でもあるようです。まじめに授業を受けているかと思えば、掃除はサボり、部活では真剣に取り組み、帰りには女の子を泣かせている。そんな生徒が一学級四十人いると言っても良い。それに一々格闘していたら教師はパニックに陥り、ノイローゼになる。現象を追いかけ、一々処理をすることしかできない真面目な教師は精神的に参ってしまう。そして、いよいよ学級は崩壊の途《みち》を歩むようになるのです。

そんなとき、私はだれもいない校舎の屋上に上がり、やや固いがコンクリートの床に正座し、瞑目合掌して神様を大声で招び「あの子もこの子もみんな神の子だ、みんないい子だー、すばらしい子だー」と、暗く動揺している心が晴れるまで唱える。いや、叫ぶ。そして私の力では限界がある、子どもを育てるのは「神様だ」とやや捨て鉢になり「神様、頼みますぜ。後は任せますよ」と全托し、こころを鎮め二拍手して終わる。後はさっぱりとして、帰りの学級活動に臨む。そこでは、愚痴《ぐち》を言わず、説教は控え、当たり前のことを感動的に認め、誉める。すると、生徒はニコニコして帰って行く。後は家庭に任せる。

教師はこうした心の調整と切り替えが必要で、生徒の現実の問題の姿を、移り行く雲の如く、消えてなくなり「後は善くなるだけだ」と一方的に決めつけて、生徒に立ち向かう。すると教師の気持ちも楽になる。そこに笑顔も出る。子どもはどんどん良くなり、伸びるものです。

こうして先生方や生徒の哲ちゃんへのレッテルは「真面目な頑張り屋」と変わり、盗癖は消え、卒業後は公立工業高校に進学しました。その後、建築会社の鳶《とび》職として弟子を従え、元気に働いています。

ある年の大晦日《おおみそか》、正月の準備が整い、夕食を待ってゆっくりとしていたとき、玄関に人の声があった。出迎えた家内が悲鳴に似た声を上げる。「お父さん哲ちゃんが来た！　哲ちゃんよ！」。慌てて出てみると、短髪で目のぐりぐりした日焼けした作業服姿の若者が立っている。作業服は鳶の服装そのままであった。

「お前、哲ちゃんか！」「そうです」「そうか、哲ちゃんか。早よう、上がれ、あがれ」と座敷に押し上げた。「哲ちゃん、お前今なにをしょんのか」「わしは、大分市の建設会社で鳶をしよる」「そうか、高いところの仕事で危なかろう」「ううん、そんなことねえ」「そうか、立派になったなあ」「先生、わしは今、弟子を三人もってやりおんので」「へえっ！　それはえらいのう」「親方が認めてくれちょんけん。わしの会社は大分市でも有名な会社でえ」哲ちゃんは誇らしそうであった。哲ちゃんは親方を尊敬し、親方は哲ちゃんを信頼しているようだった。

哲ちゃんが父親を認め、敬意を持ったとき、上司に対する対応も変わって、善くなっていることを感じました。

父親は黙って見つめていた

万引き

日曜日で文化講演会があり聴いていたら、家内から電話がかかってきました。

「今、スーパーMから電話がかかって、あなたのクラスの生徒が万引きして捕まっているからすぐ引取りに来いという電話ですよ」と。それで驚いて行ったのです。中学三年の女の子、梨絵（仮名）。海岸部の学校で、漁村とミカンと造船所のある町のミカン作りをやっている農家の長女です。その梨絵が、日頃学校で着ている制服なら見覚えがあるけれども、真っ白な、都会の娘が着ているようなワンピースを着て、机にうつぶして泣いています。

「お前、梨絵じゃないか」と言ったら、店員の方が「初めてだろうから、今日は先生に渡します」

見たら、その机に小山の如く下着を盗っている。学用品とか着るもの、それも小山のように盗っているのです。それでワンワン泣いている。

「どしたんか」そんな声しかかけられず「じゃあ私引取って連れて帰ります」と言って、帰ろうとしたら、「ちょっとお待ちください。弟さんがあそこにおりますから。弟さんも一緒に連れて帰ってください」。部屋の隅の椅子に弟がちょこんと坐っています。小学校五年生くらい、へえーっ、弟がおったんかということで、私は「おいで」と弟に言って私の家へ連れて帰りました。家内はちょうどパートで出かけていたので、しようがないから娘の陽子に弟をみてもらって、我が家で梨絵と話をするのですが、まあ泣いて泣いてどうしようもないから、そのときは泣くにまかせていました。どうしてしたんだ、なぜ、そんなことをしたんだと、言いやすいけれども、そんなことを言ったたってしょうがない。

子どもが盗みをするということはどういうことか、それには原因があるのです。親の愛情を信じられなくなったのです。随分辛かったろうな。いろんな辛いことがあるんだろう、そして前節で私が哲ちゃんに話をしたようなことを話したのです。

「お前、今日はお前の人生の中で素晴らしい体験をしたんだよ」と話し出しました。「スーパーでやったことは、お前にとってよほどの事情があったんだろうね。今日はそのことについては聞くまい。話せるようになったら生活ノートに書きなさい」と言った。「お前は今日は良い体験をしたのだ」と。「お前には今日の体験で、人を救うことの使命があるということがわかった。先生は残念ながら万引きの経験はない。だからそんなことをしようとする少年たちの気持ちが本当に良くわかるということができないんだ。わからないんだ、だからお前の方がそんな少年の心が良くわかるだろ」と。「説得力は先生よりよっぽど優れたものをもっているよ。お前、立派な指導者になれる。お前にその使命があることがわかっただろ?」というような話をしたのです。

梨絵は一言《ひとこと》も口を聞かずに泣くばかり。私はここでは事件について追及せずに、将来のこと、進学のことを話して五時のバスで帰しました。帰す前に「今夜、先生が両親に先生の口から話すよ」と、お前も両親に話をするようにと言ってバスで帰したのです。

「言わないで」

六時過ぎ、ちょうど食事していた時に梨絵から電話がありました。今日は両親に言わないで欲しいと言うのです。いつか自分で言うというのです。そこで梨絵に家の近くで待つように指示し、さっそく自動車で駆け付けました。そしたら自動車のドアを開けるなり助手席に乗ってきて、「先生、言わないで」と言う。その時、迷いました。あれだけ泣いて言うんだからという気持ちもありましたが、しかし、教育では今が大事ということ、「今」という選び定められた時、今が最高の指導の時、最高の解決の時だと思い、私は「お前は早く楽になれ！」と言いました。私は引っ張っていって家に行ったのです。

家に行ったところ、明かりがついていない。真っ暗で、じいさんばあさんが細い光の下でじっと坐っている。

「ごめんください。私、担任の佐野ですが」

「ご両親は？」「お母さんは？」

「お母さん、あいつはどこか用事があっていっちょる」

「お父さんは？」

「奥で寝ちょる」

「今日どうしても話をしたいことがあるんですが、呼んできてくれませんか？」

そして、弟が呼びに行こうとした時、ちょうどお母さんが帰ってきました。その時、お父さんはダラッとして青白い顔をして出てきました。胃痛で床についていたのです。

「今日どうしても話をしておきたいのです」

「なんかあったんですか？」

「ええ。ここではなんだから、どこか別の部屋がありませんか？」

どうぞと奥の四畳半の部屋に行って、

「何があった？」

「いや、万引きです」

今が問題解決のチャンスだと思って、今夜の訪問のわけ、今日のてん末を話しました。お母さんは驚き絶句して宙を向いたまま、お父さんは俯《うつむ》いて黙って私の話を聞いていました。聞き終わると「このことは今日だけのことだろうか。どうもおかしいと思った」と言ったのです。どうもお父さんの方は梨絵の日頃の様子の中に何か感じとったものがあったのじゃないかなと思いました。お父さんは実に冷静でした。隣で震えている梨絵を叱ることもなくただ俯《うつむ》いてだまっていました。

私は梨絵を自分の部屋にかえし両親に次のようなことを話しました。

万引きの善悪については梨絵は十分に判断がついている。梨絵はどちらかというと成績はあまり良くありません。でも頭の良い子です。物分かりの良い子です。勉強しないだけ。だから勉強すれば相当できる子だと私は思っています。

それから一過性の万引きだから今が大事だと言いました。「今日この場が大事ですよ。今日の言葉掛けを失敗したら取り返しがつきませんよ」やや脅《おど》しました。この梨絵の事件は、梨絵さんがあなたたち親に対して重大な無言の警告を発しているんですよ。お母さんお父さん、あなたたちに警告を発しているんですよ。こういう事件を起こすということはね、この事件を通してこれまでの親の在り方を猛反省すべきですよ、という話をしました。

「この事件でわかることは愛情飢餓状態です。愛情というミルクをたっぷり飲ませてやってください。梨絵の今夜の気持ちに、お父さんお母さん、あなた方はどのくらいなれますか? 万引きをする子どもの気持ちになれますか? 相当なにか悲しい、或いは空しい、或いは悔しいというような気持ちがあるはずですよ」

「私にはなれませんよ。担任の私にはそれはできません。あなたたち親二人ならなれるのです」そんな話をしました。

「共感して分かってやる気持ちが、これからの梨絵を立ち直させる鍵をとなるのですよ。ただ行動だけを見て叱らずにやさしくいたわってください。最後にもう一つ言いますが、祖先や祖父母を大切にせず家の中が争っていたり憎しみがあると子どもに大きく影響をします。特に夫婦は円満であってほしい。親として夫婦円満でしたか？　じいちゃんばあちゃんとの関係はどうですか？　そういうところをしっかり考えてみてください」と言うと、そんな私の話をよく聞いてくれた父親は、

「先生のおっしゃる通りです」と言いました。それから「お願いします」と言って自分の部屋へ出て行きました。

私は帰るけれども、叱らないで今夜は梨絵と同じ気持ちになろうと努めてください、と母親に言って家を出たのが十一時。校長にも報告して帰ったのが十二時。

手紙

次の朝、職員室の私の机の上に梨絵の生活ノートがありました。その中に封筒が入っていて、その封筒には二通の手紙が入っていました。一通は赤ペンで書いている。それは昨日私が梨絵の家に行くまでに書いたもの、今日は言わないでということを、私が行くまでに赤のペンで書いたものです。

まだこんな勝手なことを言ってるけど……
それに、このことを延ばせば延ばすほど、悪くなっていくと思うけど……
必ず私が言います。
だからお願いします。
先生!!
父に言うのはどうしてもいやです。
父とはぜんぜん話しません。
中学になって話したことはありません!!
私がわがままで悪い子なので、父もあきれています。だからいやです。
でも父は、私のわがままにも、だまっていてくれます。
母からもよくおこられます。
めいわくかけています。
いやなこともあります。
何もしないのに、私が悪いというんです。
弟と妹のけんかでもそうです。

何も言っていないし何もしていないのに私が悪いというんです。
とても腹が立ちます。
先生！　また書きます。
どうかお願いします。
だまっていてください‼
その時がくれば、自分自身で必ず言います。
だからお願いします‼
黙っていてください！
先生……
お願いします‼

もう一通は梨絵の家に行き話が終わってから書いたもの。次の通りです。

先生‼　ありがとうございました。スッキリしました。今日言って良かったです。
母も、「もうすんなえ」と言ってくれたし……

欲しいものがあったらいいわんエ、とも言ってくれたんです。
これからは親孝行をしてあげないといけないなあ。
先生！　本当にありがとうございました。
いやなことや、悪いこと（きょうだいげんか他）があると原因は必ず私にくるんです。
これに腹が立ちます。長女だからでしょう！
でも何でもかんでも私にくるのはがまんできないときもあります。
もう慣れたけれど……？
いやなことは早く忘れるので、もう書きません。
短くてすいません。
ＰＳ娘さんのよう子ちゃんかわいいですね。私みたいに……
夏休み遊びに行きます。

梨絵は生活ノートにも書いてありました。

六月〇〇日晴れ。

今日は私の記念すべき日となります。先生、私は先生の言われた通りこのことを良い方に受け取ります、このことをきっかけに勉強もしっかりすることにします。母はあれから二階に上がってきて、黙って布団を敷いてくれました。そして「梨絵ちゃん。もうすんなえ」とだけ言ってくれます。もっと叱って、叱られる覚悟だったのに。父はいつものとおり黙っているんです、呆れてものが言えないのかもしれない。けれどもちょっとくらい叱ってほしいと思うんです。物足りない感じがします。もう今からスタートし直したつもりで頑張ります。学期末テストに向かって、レッツゴー！ 期末テストで父母を喜ばしましょう。今日は本当にすみませんでした。夏休みには遊びに行ってよいですか？

梨絵

それで私は赤ペンで次のような返事を書きました。

梨絵よ。今度はね、君の方から、思い切ってニコニコしながらお父さんと話すんです。君の方から話すのに意味があるんです。君がお父さんの心を溶かすんです。それは君の優しい微笑みと快活なお喋《しゃべ》りでいいんです。先生は父親として一番嬉しいときは疲れて帰ったとき娘の陽子が入れてくれた一杯のお茶なんです。そんなとき父親として私は「陽子、すまんなー。何も思うようにしてやれんのに」と思うんです。梨絵がまずお父さんに優しさを示すんです。そうすると自分自身が嬉しくなるんです。そこまでできればきっとお父さんは君に暖かい気持ちでお返しが返ってくるんです。梨絵、勇気を出してお父さんのふところへ飛び込め。

これは向こうから来たものです。このときはもう赤ペンではありません。

今日模擬テストの成績を返してもらった。国語はなんとか十番以内に入った。数学、英語は駄目。もう少し勉強しないとなあ。あのこともあったし勉強でカバーしないと悪い。

先生本当にごめんなさい。母は「先生にお世話になってるし勉強せんえ」と言ってくれた。とても嬉しかった。他の先生にも迷惑かけてすみません。反省し直したいと思っています。

生徒が普通、黒で書くので私は赤ペンで書く。特別意味はない。

梨絵よ。勉強はな。何も先生や父母のためにするんじゃないぞ。自分のために。自分のためだけにするものでもないぞ。君が接する人を喜ばせ、人々を救うためにするんだぞ。頑張ろうな。


というようなことを書きました。そうしたら、

先生、今日父から言われました。

今度のことは決して良いこととは思わんぞ。今度のことを見付けてくれてありがたいと思わんとな。人間誰だって、ふと悪い心は出るもんじゃ。じゃけんど、それを抑《おさ》える気持ちがあるけん、生きていけるんだぞ。梨絵、それを抑える気持ちが弱く、悪い心に負けたんだぞ。じゃけんど、何も心配せんでもいいわ。梨絵は今何を一番せんかということを、いつも考えるようやの。勉強すりゃいいんぞ。父さんたちは仕事を一所懸命するけん。頑張って勉強しいや。そしたら先生もわかってくれるけんの。梨絵

が素直でいい子になっち、頑張る心があるんなら今度のことは何ともないようになるけんの。

父の話を聞いているうちに、涙が止めることができない勢いであふれてきて、つい大声で「お父さん、すみません。すみません」と言ってお父さんの膝に泣いてしまいました。お父さんに精一杯孝行しなければ悪いなあ。お母さんにも。

今日お父さんの膝で初めて泣きました。そして初めて思います。お父さん暖かいな。お父さんっていつも私のことを見ていないようで、暖かい目で見ていてくれているということがわかりました。そしてその上今日は良いことをお父さんは話してくれました。ためになりました。「お父さんたちは梨絵のことを大人として見ていているんよ。弟や妹なら叩けばわかるけれど梨絵はそんなことをせんでもわかるだろうから。お父さんも中学時代悪かったけんの」

お父さんは私のことを大人として見てくれている。とても嬉しい、嬉しい。お父さんお母さんありがとう。先生ありがとう。ありがとう。

私の一言。

ああ、何という素晴らしいノートだろう。私は感動で心が打ち震えています。やっぱりわかってくれたんだね。素晴らしい。お父さんお母さん万歳！

数日後、お父さんは学校へお礼にみえました。そのときに私に「先生のおっしゃる通りです。たび重なる祖父母とのいさかいで夫婦の間が上手くいっていなかった。それが原因かもしれない。反省しています」

梨絵は変わりました。学習意欲が高まり、予習、復習ノートを作り、毎日勉強に励むようになりました。音楽ノートまで作って。図書委員長として夏休みの読書をすすめるため真剣に取り組みました。校長はその姿をみて、もう大丈夫と言った。

生活ノートのやり取りでこのように記憶しています。当時は私はお前のノートをくれと言えなかったのです。ノートは当然返さなくちゃならないと思っていたのです。今思うとあのノートは宝物だったと思います。

梨絵は高校の入試に合格し、今では大阪の方に結婚して行って、幸福な家庭を作っています。

好きこそものの上手なれ

　昭和五十五年の頃、中学校三年生に光一（仮名）という子がいました。背の高い子で野球部のピッチャーだった。野球は上手《うま》かったが勉強しないのです。とにかく野球とレコードを聞くのが好きで、両親は心配でたまらない。お父さんは市役所の課長さん、お母さんも市役所の有能な職員で、両親とも明るく気さくな御夫婦でした。その両親が嘆くのです。「大学へやらせたいんだけれど、大学なんか行けんやろうなあ……」と。

　気のいい子で、いつもニコニコしていて、みんなの人気者なのです。特に夏休みのキャンプに行くときには、みんな彼と同じグループになりたくてしょうがない。生徒だけではなくて先生方も彼のグループを担当したい先生が多い。

　彼はキャンプというと自分を最高に表現できる子なのです。それはキャンプの炊事に力と技をみせることができるからです。彼のグループは、メニューとかレシピとか素材とか、そんなものがキチーッと揃っていて、学校の食料係担当の家庭科の先生も驚くのです。肉は二、三日前から調味料に浸《つ》けているというから本格的でした。他のグループは、あれ忘れた、これ忘れたでてんやわんやしているのに、彼のところはそういうことは絶対にない。しかも出来上がるのは、シチュー、焼肉、スープ等いろいろな料理を彼が中心に上手《うま》く作るのです。彼の班は他の班に比べると比べ物にならないほどの豪華な料理を作るのです。全て、光一のさしがねで一週間前から準備をしていました。

お母さんはいつも言うのです。

「台所に来て手伝うときのように熱心に勉強してくれたら、これにこしたことはないんだけれど。ほんと、勉強はせんけれど、よく手伝いをします」

だから私は、

「いいじゃないですか、お母さん。そんなやさしい中学生の男の子はいませんよ」と言うのです。しかし、ご両親はどうしても大学へ行かせたいのです。彼は一人っ子なのです。それで、しょっちゅう進学のことを言ってしまうのです。しかし、あまり言うので家出をしたこともありました。たいした家出ではなかったけれども。

結局彼は、高校の進学校には行けませんでした。頭のいい子でしたけれど、勉強しないから学力が足りなかったですね。そこで、両親とよく話し合いました。教育を受けるということは、大学まで行って、修士号や博士号を取り、いい会社に入社し、エリートとなり、上流階級の生活をさせるためのことだろうか。光一君の最高の幸せは天から与えられた才能を生かす職業に就かせ、人々を喜ばせることにあるのではないか等をよく話しました。ご両親は諦めたようでした。

光一君の適切な進路を考え、よく調べると大分市の私立高校に調理科があって、料理の専門学科があるというのです。本人は料理が好きだからそこに行きたいと言います。それで、また両親とよく話して、私立高校の調理コースを選んだのでした。父親としては残念な決断であったようです。

光一君は水を得た魚のように意欲的になりました。真剣な学習と実習で最優秀の成績で卒業しました。更に大阪の料理学校に推薦入学しました。卒業後、別府の有名なホテルの厨房《ちゅうぼう》に就職し、修業して、今では故郷の町で小さな和食店を開いています。それがこぢんまりとした洒落《しゃれ》た店で、町の人の評判になって繁盛しています。最近、店に行ってみると、お父さんが孫を抱き、ニコニコして「いらっしゃい」と迎えてくれました。本人は可愛いお嫁さんをもらって一緒に店をやっていました。

後ろ姿の躾

平成四年に校長として赴任したK小学校は、新しい校舎が完成し、どの教室もピカピカ光っていました。校長としては嬉しいことですが、管理の責任の重さを痛感していました。三学期のある月曜日、家庭科の先生が、色を上げて、校長室にとびこんできた。聞いてみると、何者かが家庭科室に侵入して焼肉パーティを開いたようだというのです。日曜日に誰が、どのようにして、入ったのだろうか。「ここの鍵は閉じておったんか?」「はい、閉じていました」と確認する。新校舎には各所に錠があり、警備会社にも繋《つな》がり、職員室などに不審な侵入があれば直ちに分かるはずでした。

家庭科室に侵入したルートを捜せと全職員で動く。そして、分かった。分かったことは何と、二階の窓に錠のかけ忘れがあり、雨樋《あまどい》をよじ登って、そこから入り、家庭科室の上の窓を開けて入っていた。

「校長先生、これは一人ではありません。このパーティの参加者は三人います。箸《はし》が三本汚れています」

「散らかして、そのまま帰っている様子をみるとどうも低学年らしい」と探偵好きな先生が推測する。

「ガスの室内の元栓は締っているか」と問うと「完全に締っています」と返事、私はホッとしました。子どもの仕業《しわざ》だと思っていたが、ガスの元栓まで締めるとは、大人かなとも迷った。そこで、誰がやったんだ、犯人を探せと言うことになって、低学年の子どもに的を絞った。

各学年長に、きびしい詰問はせずに侵入児童を調べるように指示しました。その日の調べでは犯人は誰も上がってこなかった。次の日の朝、緊急の児童朝会を開いて、こう話しました。

「この学校の子どもは素晴らしい。日曜日に家庭科室で、六年生がお別れパーティの為に準備していた肉を使って焼肉パーティをした人がいます。その子達が偉いのは後始末がキチンと出来ていることです。ガスの元栓を完全に締めていることです。これは素晴らしいことです。もし、ガスが漏れていたら大爆発を起こして、この新校舎は焼けてしまい、灰になってしまっていたかもしれません。校長先生はそんな素晴らしい子どもに是非会いたいと思います。校長室で待っています」

朝会が終わって校長室でホッとしていると「校長先生、僕がやった！」と走り込んできた子どもが、とびついて来ました。

「何だ、お前か、靖ちゃんか」。靖ちゃん（仮名）は何ごともなかったような普段の顔をして、ふざけている。すると、開け放たれた校長室の戸の前に、一人の女の子がこちらを見ている。手招きをすると入って来た。京ちゃん（仮名）である。「京ちゃんも一緒にしたの」と聞くと「うん」と答える。ちょっと沈んだ顔。

「もう一人は」と聞くと「貞ちゃん（仮名）」「そう、貞ちゃんも呼んでおいで」「うん」と言って、二人は飛び出して行きました。

靖夫君は学校のすぐそばの繁盛している割烹《かっぽう》店の息子で、担任泣かせの暴れん坊、集団生活からいつも飛び出している子です。いつも、何人かの家来を連れてワイワイ遊ぶ、遊びの天才でもあります。京子ちゃんのお母さんはスナックのマダム、スナック経営に忙しい様子。京子ちゃんの髪も服も薄汚れている。貞治君（仮名）は靖夫君の近所の米屋の次男、靖夫君の側近というところ。同じ二年生です。

三人が揃ったところで「旨《うま》かったか」と聞くと「うめぇかった」と、靖ちゃんと、貞ちゃんが嬉しそうに言う。京子ちゃんは大きな目をくりくりさせて見ている。男の二人は叱られているとは思っていないようです。

「どこから二階に上がったの」と聞く。雨樋《あまどい》を登ったという。「京子ちゃん、よう登れたね」と聞くと「僕が下から押しちゃった」と貞ちゃんが得意そうにいう。「靖ちゃんが焼肉を料理したんか」と聞くと、靖ちゃん「うん、僕が全部した」とニコニコしている。

そこで「君たちは、何時から泥棒になったんだ。泥棒はこの学校にはいらないよ」とやや厳しい顔で言った。「日曜日、誰もいない、鍵のかかっている教室に入ることは泥棒といっしょ。泥棒は泥棒の行く所がある。知っているね」

すると、靖ちゃん、真面目な顔で「刑務所な」という。

「そうだ、刑務所だよ。いくか？　行きたかったらすぐ電話をしても良いよ」。三人は激しくかぶりを振る。

「誰もいない部屋に入り、勝手なことをするのは、よいことですか」。三人またかぶりを振る。

「それでよし、三人とも校長先生の大好きな良い子だ。もう、しないね」

「うん、もうせん」と靖君、貞君が言う。京子ちゃん目が潤《うる》み、半分泣いている。

「ところで、ガスの栓はよく止めたね、誰が締めたの」

「そりゃあ、僕だ」と今までの神妙な顔は一変し、靖ちゃんが得意げにいう。

「よう、気がついたね」

「そりゃあ、父ちゃんのするのを見ちょるけん」

「そうか、偉い！ 開けたら、閉める。これは大切なことだね」と言って、後は担任に任せました。


翌日の朝、靖君の両親が来ました。息子のしでかしたことを謝る。親の責任と頭を下げる。店が忙しいのでつい、子育てに放任のところがあると反省している。


私はニコニコしながら「ところで、靖夫君、なかなかやりますよ。出来た焼肉も良く焼けて旨《うま》そうでしたよ。いい跡継《あとつ》ぎができましたねぇ」

「校長先生、それを言わないで下さい」と父親はかえって、恐縮してしまった。

「いや、大したものですよ、ガスの家庭科室の元栓からコンロの栓まできちんと締める、こんな小二の子どもはいませんよ。あなたの躾《しつけ》の良さですよ」


父親は、「別に躾ちょらんけんど、見ちょんのかなあ」

「そうですよ。子どもは善い事も悪いことも見ているんですよ。親のしぐさをジッと見続けていることも、躾になっているのです」

「そうですなあ」と感心する。

「店が繁昌して結構ですが、家の中で靖夫君の存在を認める何かをやらせなさいよ。そして、出来たら大いに誉《ほ》めてやるのです。お役に立ちたいという願いはどんな子どもにも必ずあるのですから」と話しました。二人は、恐縮して、帰って行きました。靖夫君は相変わらずお茶目であるが落ち着く時には、落ち着くものである。今は見違えるように落ち着いた青年になっています。

生きて働く家族

「大丈夫よ、あなたのお父さんよ」

幼児は親の行動をジッと見ています。特に父親の言動には、注意深くなる。あの、愛《いと》しい母親を支配する男を怖れながら見ている。母親がその男にニコニコしながら従っている姿にひとまず安心する。そして、この男は母をも支配する力のあることが次第にわかる。母親はその男とうれしそうに話し、共に行動する。男が自分に近づいてきて、大きな手で抱き上げようとする。怖くて嫌がる子どもに、母親はニコニコしながら「大丈夫よ、あなたのお父さんよ」と言って渡す。子どもは母親の目を見る。穏やかに優しく笑っている目を見て、許されたことで安心する。抱かれた子どもはいきなり突き上げられ、驚く。そして、その激しさと力強さに、母親とは違う感じを与えてくれる父親を心に印象づける。その経験が積み重なると、家族の大本にこの男が父親として存在することがハッキリとわかる。このようにして、子どもは父親を認めるのであろう。

子どもは、いつも外で懸命に働く父親の姿を見ている。その父親に喜んで従っている母親を見るにつけ、父親の存在の重さを感じる。家庭内の父親の存在価値は、母親のこうした父親への尊敬と支持によって成り立つのです。

中心に帰り、中心から発すること

私の僻地《へきち》赴任は昭和四十八年から五十年でした。その昭和五十年、私は朝霧の村道を歩いていた。家から子どもが「行ってきます」と飛び出した。軒下《のきした》にいたお婆さんが「先生の言うことをよう聞くんで」と声をかける。「うん、わかっちょん」と言って子どもは走る。

これだけのシーンですが、私は言葉にならない感動を覚えました。

それは昔、ごくあたり前の言葉であった「先生の言うことをよく聞くんで」の言葉が懐かしかったのです。そう言えば私の小学校時代に、朝、よく同じことばをかけてくれたばあちゃんの声が聞こえたような気がしました。教師として面映《おもはゆ》い言葉であるが、教師の立場を超えて「ああ、いいな」と思った。山村のお年寄りの素朴な誠実さを感じたのです。おそらく、このお婆さん、幾度もこの子に同じ言葉をかけたのだろう。子どもは「うん、わかっちょん」と言って元気に登校している。

そのようなお婆さんだから、子どもに「父ちゃん、母ちゃんの言うことは、よう聞くんで」と何度も言い聞かせたであろうし、この子どもの両親は「爺《じい》ちゃん、婆《ばあ》ちゃんの言うのことはよう聞かんといけんで」と言い聞かせているだろう。その家には古いが灯明《とうみょう》の煤《すす》のしみ込んだ仏壇と神棚がある。一家の信仰の場である。山村の子どもの眼が澄んでいるは、ここからくるのだろうと思った。

「先生の言うことをよう聞くんで」のお婆さんのことばの奥には「学校の中心は先生だから」という当たり前の思いがあるからでしょう。またその中心にいる先生の言葉や教えを「素直に受け入れるのですよ」と教えている。

祖父母は子どもの親がこの一家の中心であることを認め、子どもに素直に従うことを教えているし、両親は祖父母が中心であると尊敬して、子どもに従うことを教えています。また、この一家の全員は、目には見えないが、命の根源である仏様や神様を敬《うやま》っている。この一家の人々は常に中心へ思いを巡《めぐ》らせ、またそこから新たな力を戴《いただ》き生きている。

このような家族の姿は、以前我が国の家庭では、どこにも見られた普通の風景でありました。現代の社会の風潮はこの美しい風習を消してしまった。

物には中心があります。森の一本の立ち木を見ても、自然の創造物は常に中心目指して命の営みをつづけています。花は花びらや蕊《しべ》を花芯《かしん》から開かせ、花芯に集めています。葉は中心の葉脈に支脈が集まり、葉柄《ようへい》に向かっています。枝は幹に向かい集約されている、幹は地中の根に向かい、目に見えない根は広がり、その先端は深く地球の中心に向かっている。また、その逆を観ると、その中心から幹や枝、そして葉や花が外へ外へと開いて、その美しさを表現しているのです。

宇宙の銀河系にはその中心があり、太陽系には太陽が中心に運行している。原子には原子核を中心に電子が回転運動をしている。こうして中心に帰り、中心から発することにより、すべての物が安定し、生成発展をするのが宇宙の根本の設計であるのです。

人間の集まり、組織にも国にも必ず中心になる人を置く。そのことが組織を安定させ発展させるのです。家庭が安定し、子どもが良く育つのもこの原理をおいて他にないのです。

家庭の中心はだれ

こんな話を学校ですると、先生たちは佐野先生一流の「分からん話」として、マトモに聞いてくれない。物理学や生物学と家庭教育とは結びつかないと言うのです。私の「家庭教育学級」のお母さんたちに話すと、よく聞いてくれるが、ちょっと戸惑う人もいます。家の中心はお父さんと認めるお母さんがほぼ全員です。その中で家のお父さんに全権を渡すのは止めておこうと言う人がいました。お父さんはパチンコ好きで暇があれば行っているというのです。仕事を休んで行くことはないが、ほとんど毎日夜になると出かけると言う。

こうした何々を「し過ぎる」「やり過ぎる」お父さんは、仕事一筋で休みはごろ寝のお父さんと同じように、お母さんから信任されていないようであります。

そこで、ひどい酒飲みの亭主を持つお母さんに「あなたの旦那さんは『結婚したら、ようし！　酒を毎晩たらふく飲んで妻と子どもを困らせてやろう』と結婚したのでしょうか」と聞いてみる。すると、激しく否定する。「そうですが、すると主人はあなたと結婚して酒量が多くなったんですね」というと「もともと好きなんです」という。どうも、飲み過ぎは結婚してからであることは確かである。そこで「あなたは旦那さんの言うことにハイと返事をしていますか」と聞くと、とんでもないという顔をして「出来ません」と言う。「どうして」と聞くと「家のこと、子どものこと、何も知らないのに訳の分からないことを言う。……」と旦那の悪口で急に達弁になる。「すると夫婦の夜のことも」と聞くと恥ずかしそうに「ずーっとありません」「あなたが嫌がるんでしょう」「そうです」「するとあなたは、昼も夜もノウ、ノウですね」と言うと頷《うなず》く。旦那さんが可哀想になった。

「目の前にいる飲み助の旦那さんが本当の旦那さんではないのです。飲み助の旦那さんの姿は、仮りの姿で本物の姿ではないのです。いつか消える影の姿なんです。本物の旦那さんの姿は、飲み助の姿の奥の奥に必ずあるのです」。すると、お母さん「私には見えません」と言う。「そうです、今はあなたの肉眼では見えないのです。目を閉じて目蓋《まぶた》の裏に、あなたの旦那さんの最高の理想を描いてみなさい。それがあなたの本物の旦那さんです」と言う。お母さんは、まだ疑わしいような顔をしている。「あなたが想像する最高の姿の何千倍も素晴らしい本質を持つ旦那さんが本当の旦那さんです。認め信じますか」と言うと「分かりません」と答える。「あなたが認めるものが現れるのです。あなたが信じもしないものは絶対に現れないのです」。困った顔をしているお母さんに「さあ、今日から本物の旦那さんに会うために目蓋の裏に最高の善い姿を描き、それがはっきりと見えるまでトレーニングしましょう」と提案した。

「あなたの旦那さんのお酒の飲み過ぎ症候群を癒す処方箋は、あなたが『ハイ、ニコ、ポン』を実行することです。一ヶ月やって御覧なさい。症状はずいぶん善くなっているはずです」と言うと「何ですか。それは」という。「それは、あなたが旦那さんの言うことを素直に『ハイ』と返事をし、『ニコッ』と笑って、文句を言わず『ポン』と軽く立って用事をすることです」。お母さん、「どんなことでもですか」「そうです、昼のことも夜のこともですよ」「それは、無理」という。「やってみて下さい。やった後に文句を聞きます」とまず課題を与えました。

大体、このような知的に優れたお母さんは、子どもや旦那さんに多くの不満を持ちながら、自分の気持ちだけは素直に聞いてほしいと思っているのです。反面、人の言うことは論理の関門を設けて自分の理に合わないことには耳を貸さない。常に自分にとって都合の良い所だけ選んで受け入れ、都合が悪いと理屈をいう。これは、お母さんだけでなく、旦那さんにもあることです。子どもや旦那さんに素直に聞いてもらいたいのなら、まず自分が素直にどんなことでも受け入れることをしなければならない。間違いであろうが何であろうが、丸ごと受け入れる、これが愛であります。その愛の言葉が明るく、弾んだ、さわやかな「ハイ」の返事なのです。そんな素晴らしい「ハイ」を受けた旦那さんは、嘘や不実の言動が恥ずかしくなり、二度と言うまいと、心が浄化されてしまうのです。

「ハイ」は世界で最も短い最高の愛の言葉で、浄化作用も働く不思議な言葉なのです。

夫唱婦随の家族に良い子が育つのは、この愛の言葉がいっぱいに溢れている家庭だからです。

「凡そ、男性は天から伏して与えることが本性であり、その無償の与える行為に無上の喜びを感じるのです。また、女性は天を仰いで広げて全てを受け入れ、はぐくみ育てることに女性の天性を現すのです。だから女性は子どもであろうが、旦那さんであろうが、如何なることも全て受け入れ、その人の持つ本性を育てることが最高の喜びなのです」と家庭教育学級などで話をすると、みんな喜んで聞いてくれる。ある年の家庭教育学級では「凸凹（デコボコ）学級」と名付けた学級もできました。「男は無性に与えたいのです。そして、愛する人に喜んでもらいたいのです。愛する人が喜んでいる姿を見る時、男は生き甲斐を感じ、喜んでくれる人に誠心誠意尽したくなるのです」お母さんたちは初めて聞いたように喜んでくれる。

ところが、ある奥さんは「それは、夫が満足させてくれれば喜びますよ」という。「そこです、奥さん。奥さんを本当に喜ばせる夫に育てるためには不満足の真実を述べ、技術指導をするのが効果的か。多少演技してやや過剰な喜びを表現するのが効果的なのか考えてみて下さい」と問うと「男の人は単純だから、喜びの演技の方が好いかもしれない」と笑いながら言う。「そうです。結果はどうあろうとも懸命に尽くしてくれたことを喜び、感謝してあげれば良いのです。すると夫の方も喜んで研究し、努力をするのです。喜び上手の奥さんは必ず幸せになれます」。奥さん達納得したようでした。

そこで「頼もしい夫に育てる秘訣を教えてあげます」と言うと奥さん達は一斉に注目する。「それは、夫をあくまでも立てるのです。夫の良い所を取り上げ心から賞賛するのです。そして、『あなたと結婚して良かったわ』と感情込めて言い続けるのです。すると本当にそうなるのです」。奥さん、ニコニコ顔になりました。

父親が父親らしく、子どもに真正面から取り組み、素晴らしい父性を発揮するには母親の支持と援護が必要なのです。子どもは、母親が父親に従い共同行動をとる時安心し、素直になれるのです。そうした安定した家庭の子どもは持っている才能を十分に伸ばすことができるのです。

堂々とお父さんをやろう

父親の子育ては

一介の元小学校校長の私が『お父さん出番ですよ』という本を書いて、全国の子育て最中のお父さんに呼び掛けるなど身の程を知らぬ奴と思われる方もあると思いますが、家庭相談員や保護司を拝命している私は、問題を持った子どもに触れるにつけ、「お父さん一歩前に出て下さい」と叫びたくなるのです。お母さんの教育が決して間違っていると言うのではありません。お父さんの力強いメッセージが加わると、どれほどよい子が育つだろうかと何時も残念に思うのです。

「子育ては女房に任せる。俺は忙しい」と子育てから逃避するのは、子造りの一方の責任者として無責任だと思います。男女共同社会だから母親の子育てを手伝い、おしめの取り替えからミルクを飲ませる等を言っているではないのです。細かいことは女房の方が上手、任せて必要に応じて手伝えば良い。ではお父さんは何をすれば良いのか考えてみたいと思います。

一歳に満たない乳幼児が母親に抱かれている時、乳児は幸せそうで、安心した柔和な至福の顔は、なんとも言えない可愛さがあります。ところがそこに父親が現れると乳児の顔が一変します。目は悪戯《いたずら》っぽくなり、口をゆがめ、手足をぱたぱたと振る。なんだか怖いけれど父親に行きたい。両手を前に出す。父親が抱き上げると奇声を上げて足をばたつかせ喜ぶ。これは私の孫の様子を見て感じたことをそのまま書いたのです。妻もその事実を認めています。

一歳に満たない乳児でも母親と違う父親の面白みを感じているのです。温かく滑らかで心地よいお母さんの懐から、子どもを引っぱりだし、戸外の風に当てて、少しは荒いが抱き上げ、肩車にし、両手で子を空に突き上げたりしてやると、乳児は身体中で喜びを表現するのです。二、三歳になれば戸外の自然には面白いことがいっぱいあることを、お父さんが感動しながら教えるのです。四、五歳になれば遊園地や食堂で我慢して待つことを教える。こうして、お父さんは、時にはお母さんから引離し、自然や社会と自分とのつながりを経験させ教えること、これが父親の子育ての一つです。

もちろん、母親の温かい愛情でたっぷりと抱かれた子どもは良く育ちます。しかし、父親の目は、もう少し遠方を眺めています。社会で逞しく生きるわが子を眺めています。そのため、わが子に何を教え、鍛えるかも視野に入れているのです。こうして、父親はわが子の二十年後のことを考え、子どもと正面から接していく。これが父の教育です。この機会がなかった子どもは不幸です。マザコン傾向になり正常な発達が難しくなります。

父親のいない子どもは救いようがないのかというとそうではないのです。お母さん一人でも父性の教育はできるのです。与えられた性は女性でも、男性的要素も必ず持っているのです。時と場において使い分けることはできるのです。幼稚園や学校に行くようになれば、男先生を父代理として慕って影響を受けます。また、小説や伝記を読んで、その主人公を父代理として尊敬し成長するのです。お母さんの優しさだけは失わないようにすれば決して心配することはないのです。

逃げても隠れてもお父さんはお父さん

私が相談員として相談を受けた家庭は、問題の子のお父さんがよく見えない場合が多い。異常に見え過ぎるお父さんもいましたが、たいていは存在感が薄い。夫婦で子どもを生んだ限り、子どもにとってお父さんは、逃げても隠れてもお父さんはお父さん。そのお父さんの影響を否応《いやおう》なしに受け、子どもは生涯の性格を形づけられる。

また、子どもはモデルがないと発達できないのです。子どもは良きにつけ、悪しきにつけ身近なモデルを見て成長するのです。どうせ逃げられないのなら、堂々とお父さんを演じ、良きモデルとなろうではではありませんか。

堂々と演じるとは

お父さんはお母さんよりたいてい屈強な身体を持ち、腕力も強い。ヒゲも濃いし声も大きい。天性の現れた父性の素質です。不幸にして、妻より体力の劣る男性には強い精神力や優れた才能があるはずです。もともと男性には父性の素質が備わっているのです。ライオンだってカブト虫だって、雄は雌より威力も威厳もあるのです。人間だってあるのです。ただ、人間の場合、腕力や暴力では威厳は保てません。これに頼ると果ては軽蔑され、崩壊の一途を辿ることになります。お父さんの精神（愛情や信念）が妻や子どもに一目置かれ、尊敬され慕われることが必要です。仕事真面目で子煩悩であるお父さんであればその資格は十分に備わっています。自信を持って正々堂々と父親をやりましょう。

教えられたい、教えたい

父親と五歳の孫とが頭を突き合わせ、先ほどからゲームの仕方を教え教わっている。飽きもせず教えている。この情景には他人を寄せつけない雰囲気がある。どうやら、父親の本能として「教えたい」という意識があるようである。子どもは好奇の目を生き生きさせて教わっている。この、自然な「教えたい」という意欲を父親は存分に発揮すればよい。面白い遊びから始まって、ゲームのルール、負けても我慢して次のゲームに勝つように頑張ることなどを教える。こうして、社会生活の基本の規則や技術、礼儀や作法、善悪や正義などまで教えることが父親の本来の責任です。

お父さんの教授法

私の知っている子どものお父さん方は、たいてい口下手で、道徳律など言葉で教えるようなお父さんは一人もいない。しかし、子どもには確実に伝わっている。何を以って教えたのだろうか。

子どもの情報収集アンテナは凄いもので、日常の夫婦の会話、父親がテレビを見ての悲《ひ》憤慷慨《ふんこうがい》、ドラマを見ての感動の涙、プロ野球のひいきの仕方、飲み友達との会話、人に対する挨拶の仕方などなどジッと見ている。その日常の言動から家《うち》のオヤジは何時《いつ》もこう言っている、だからこういうことは善いことだ、悪いことだと判断する。これは背中で教わるということです。これが最も多いようである。

あるお父さんは一言居士《いちげんこじ》で「継続は力なり」と一つ覚えの言葉を口癖にしている。そのお父さんは少年野球の監督である。実際にお父さんは実行しているし、子どもにも押し付けている。お父さんの仕事振りは会社でも地域でも評判であるし、少年野球チームは県大会で優勝する。監督の子どもは凄い技術者になって世界で活躍している。

そのほか、経験主義のお父さん。子どもをどこでも連れて行き経験させることにより、最高の場で、最高の時に子どもに感動的に人生を教えるという。そんな、凄いお父さんがいました。

躾は押し付け

自由に伸び伸びと育て、自主性を尊重します。これは学校の教育目標でお馴染《なじみ》の言葉であるし、わが家に来る保護観察の犯罪少年の親も言う言葉であります。これは口当たりの良い教育用語を格好よく使っているのであって如何《いか》にも空々《そらぞら》しい。第一、子どもを自由にしておれば主体性ができるなどと言う人は、子どもをよく知らない人である。

豆でもトマトでも自由に伸び伸びと育て、主体性を尊重して栽培すると言って植えたまま自由にしていたらどうなる。地面に這《は》い回ってろくな収穫も上げられないことになるだろう。やはり、一本の真直ぐな支柱を立ててやり、きちんと茎《くき》をゆるく棒に結んでやる。そうして、無駄な脇芽は摘んでやるのです。すると日光をいっぱい受けたトマトは喜んで成長し実をつける。人の子も同じです。放っておくことは教育放棄です。「躾」は美しいことばで、伝統的教育であるが、実際は押し付けでもあります。父親は、正しいこと、善いことであれば遠慮せずぐんぐん押し付け、折り目正しい子どもにしようではありませんか。それができて、信じて、任せて、待てば、主体性、自主性が育ってくるのです。

何が子どもたちを変えるか

フルネームで呼んでみたら

私がかつてK中学に奉職している時でした。私が担当した二年生は、学年始まって以来悪いのです。掃除はしない。カーテンは引き破る。遅刻するのも多いし、いつもなにか問題を起こす。そういうことで困っているとき、ふと気付いたのが「ハイ、ニコ、ポン」と言って、名前を言われたら「ハイッ」と返事をしてニコッと笑ってポンと立つということでした。

二年生が三クラスあって、私は学年主任だったから、隣の先生に「このことは大事なことだ」と説得して始めたのです。

「返事悪いぞ。返事悪いとお互い気分悪いし、お前達の意志がつかめん。だから、これから『ハイ、ニコ、ポン』運動をする」といってはじめたのです。出席点呼のときも、呼ばれると「ハイッ」と返事してニコッと笑ってパッと立つ。先生たちも、生徒から呼ばれたらハイッと返事をして、ニコッと笑って振り向く。

しかし、結果は二ヵ月やっただけでした。なかなか難しいものです。まず三組の先生が途中から投げだしました。初めのうちは「ハイッ」というような返事はできるけれども、ニコ、ポンができない。ニコはできてもハイが小さい、ハイ、ハイという二度返事はさすがになかったけど、ヘイ、オウというようなふざけた者もいました。

いつか言えるようになるまで待っていようと思うのですが、授業中は難しい。他の学年の授業には、無関心でやるが、二年ではする。二年でも授業に夢中になっているときにはツイ忘れてしまっているのです。どうも、一貫性がないのです。これが、続かなかった原因の一つかも知れません。

朝の学級活動の出席点呼で名前を呼ぶ。生徒はすっくと立ってこちらを注目する。そして、ニコッとする。そのニコッが、できる生徒もいるけれど、できない生徒も多い。第一、生徒たちは日常「ハイ、ニコ、ポン」なんて、見たことも聞いたこともないのです。家庭でもそんな習慣がありません。そのうえ、思春期の一番反抗期の二年生が、そう簡単に乗ってくるわけがない。ある日突然、先生の思いつきの提案を生徒は本気にとっていなかったのです。やはり、このことは学校全体で取り組むプロジェクトで十分審議の上取り組むべきであったと思い反省しています。しかし、思わぬところに効果がありました。

そんな時、ふと思いました。先生が生徒を呼ぶとき、いつもどんなふうに呼んでいたかが気になったのです。すると、ポッコンとかテッコンとか、ヨシとか、イチコとか、呼び捨てが普通であると気がついたのです。そのほうが親しみがあると思っていたのです。

朝の点呼のとき生徒の名を呼ぶと生徒が「ハイ」と返事をして、スックと立ってニッコリ笑って見つめられる。見つめられた私は「ハッ」と息を呑む瞬間があるのです。それは、生徒の汚れのない純粋な目の輝きというか、「ハイ」の響きからか、生徒の私に対する絶対の信頼みたいなものを感じ、一瞬のたじろぎと身の引き締まる感じでした。そんな感じを受ける時は、生徒をきちんと姓と名をハッキリと呼んだときだと気付きました。こちらがいい加減な気持ちで名を呼ぶ時、相手も同じ気持ちで受けるものだとハッキリとわかったのです。

すると、まず変わったのが、私の態度でした。つまり立っている私の態度が、それまではだらしない態度をして、足をガクガクさせながら立っていたのが、教卓の正面にきちんと立ち、出席簿を見てはっきりと姓名を言うように変わったのです。生徒だけではない、人の名前を呼ぶ時は相手を尊敬して呼ばなければ、まともに応じてくれない。その当たり前を生徒達は教えてくれました。

「ハイッ」は相手の心を良くする不思議な力を持っています。こういうことがあってからは、それまで帰るときカーテンがいつもだらしなく、半分引っ張っているのもあったのが、カーテンのしめ方は二年生が一番いいと教頭から誉められるようになりました。掃除も非常にきれいになっていると誉められる。特に他教科の先生が、「先生、返事がいいですね」と誉めてくれる。それで、問題を起こすのも、だんだん収まってきたのは確かです。「ハイ」の返事の不思議な力が教師と生徒を変えたのです。

これがずっと一年間続けばよかったのですが、一学期も続かなかった。いつか、学校全体で取り組むよう校長に提案しようと思っていました。

下水流しの省二

省二（仮名）は小学校時代から暴れん坊で、中学校に来ても、学級の中では勉強はしない。料亭の息子で我が儘《まま》に育っていたようです。だから帰りの学活のときに当番が坐ってくださいと言えば、席に坐っても、またすぐに騒ぎ出す。授業中はおとなしくしています。しかし、学習に集中してはいない。心は遊びのことで一杯です。従って学習成績は低くて教科書もろくに読めない状態でした。

その隣の席ににミキコ（仮名）という自閉症の女の子がいました。その自閉症の女の子というのが言語の能力が十分ではないのです。つまり会話ができないのです。だからトイレのことをシッコと、「シッコ行きたい」の「行きたい」が出ないのです。「先生おはようございます」というのが言えなくて「オアヨ」で済ませます。

しかし、不思議なことに、彼女は小学校五年生程度の漢字が読める。平仮名も読める。そして当時の流行歌を歌うのですが、それがただ歌詞だけで全く節がない。でも、リズムは自己流でフン、フンフーン、フンとハミングで歌い、指タクトをとって、ニコニコしていました。ミキちゃんは小学校時代には時々パニックを起こしていたようだけれど、私のクラスになって一度もない。教科書を「省二、読め」と言うと省二は「よいしょ」と立って顔をゆがめてポツンポツンと読む。もっとちゃんと読んでくれないかなと思うのですが、今度はミキちゃんと指名する。ミキちゃんはパッと立って読みます。それが棒読みで、意味も何にもない読み方です。読んでいるのは読んでいるのです。その内、覚えていない漢字があると他の発音で、それをいかにもそのように読むのです。それが自然にそこだけ外国語を聞いたような感じでした。

ある時帰りの学活の時に省二が仲間と暴れていた。その時、ミキちゃんの机のプリントを落としてしまった。すると省二は無意識にパッと拾ってミキちゃんの机の上にあげてまた遊び回っている。それを見て、私は叫んだ。

「おっ、省二、お前は深切だなあ。本当に深切だなあー。省二の深切をみんな知っているか?」

と言って、そのことをみんなに知らせた。省二は驚いて、きょとんとしている。私は教壇に上がって、省二の一見当たり前の行為を「本当に深切じゃないか」「まったく深切じゃないか」とややオーバーに誉《ほ》める。省二は困ったような顔をしている。「省二お前は深切で優しいな、驚いた」と言うと、クラスのみんなは大笑い。「省二が深切だと。優しい省二だと」野次を飛ばす。怒ったのは省二です。「俺、深切じゃねえ」

私は、みんなを制し、「省二は本当に優しいのだ。夢中で遊んでいる、その時、瞬間に深切な行動ができるのは、省二の心の奥底から深切な証拠だ。誰がなんと言おうとも、省二は深切な男だ」と宣言してしまった。本人は迷惑そうな顔をしています。学級一同クスクス笑っている。そこで私の省二の深切探しが始まったのでした。

その後、よく見ると、ミキちゃんの席から離れたところで暴れている。私はすかさず「お前深切だ。ミキちゃんの席を避けて暴れている」と近付いて、「深切だなあ、お前は」と感極まった声で言いました。そこで「またか」という顔をして、怒った顔をしていましたが、構わずにどんな小さなことでも取り上げて「それが、深切な行ないだよ」と言い続けました。

さて、その省二が、異名をとるようになったのです。それは「下水流しの省二」という名です。もともと省二は掃除は好きではない。だからしない。しかし、特別手間のかかる仕事を彼に頼めばとことんやってくれる。その時の中学校の校舎は昭和三十年代初頭にできた鉄筋コンクリートで、鉄枠の窓が入っています。

「この窓が開かんから、お前何とかしてくれんか」と言うと、

「またな」と、まるで年季の入った職人のように言う。そしてどこから持ってくるのか、機械油と布と雑巾を持ってきて局部に油を差し、細い針金とサンドペーパーで錆《さび》を丁寧《ていねい》に落とす。また、そこを光るまで拭く。その仕事振りが実に丁寧で上手《うま》い。これが、授業中の省二と同じ省二かと疑ってしまうほどです。

「上手い。たいしたもんだ、お前は。たいしたもんだ」と本気にほめてしまう。

三階の水道の下水がよく詰《つ》まる。下水の吸水口に被《かぶ》せる蓋《ふた》の部分と下水管の縁《ふち》が三十数年も経《た》っていると腐蝕して物が詰まりいつも水が溢《あふ》れてしまう。

「よう、省二。また、詰まったから何とかしてくれ」

「またな、先生」

「お前がおらんと困る。何とかしてくれんか」

掃除は昼休みの後です。「教室の掃除はいいから」と言うと「うん、わかった」と仕事を引き受けてくれる。上着をとり職人みたいなカッコをしてくる。どこからかいろいろな道具も探してくる。よく家庭科室に行って道具を持ってくる。初めはドンブリ茶碗みたい

なものを持ってきたが、持ちにくいからやりづらい。今度は鍋の蓋を持ってくる。それで吸水口の水を下に押し込み三階から地下の溝まで残留物を落とし込ませ、水が落ちるまで、実に根気よくやるのです。五時間目の授業が始まる。彼と彼の弟子（二人ほど決まった弟子が必ず手伝う）は仕事続行中につき授業免除である。授業中の生徒はうらやましそうに見ているが、この特権は特種技能の持ち主の省二以外には誰も使うことはできません。省二とその弟子は授業で静かになった廊下の水場で汗を流して働く。見方によれば生徒の学習権の侵害と訴えられる事態ですが、この際省二とその弟子に我慢してもらっていた。その内、「ドゴーッ」と洗い場に溜まった水が勢いよく落ちる音と「ヤッター」の省二と弟子達の声が聞こえる。すると三階の五教室の廊下側の窓が一斉に開き、教室の顔、顔、顔が叫ぶ。「ウワーッ、省二」「やったー」と歓声があがる。教師も廊下に出て拍手している。省二とその弟子達は仕事を完遂した喜びと、誇らし気な顔をして、汗を拭いている。下水流し名人の彼の異名はいよいよ高まった。

食べ物を扱う容器を下水に浸けては困りますと家庭

科の先生から叱られる。

「どうもすみません」と謝りに行くのは私の役目でした。

このことは省二の学校生活に変化をもたらしました。第一に落ち着いてきた。もう、無謀な大暴れはしません。その上、人のやらない修理や作業を率先してするようになり、本人も自信ができたようで、仲間から一目置かれるようになりました。三学期になっても、彼の席の横にはミキちゃんが澄ました顔でチョコンと坐っています。ミキちゃんが省二を離さないと言うのです。省二は本当に優しくなったのです。

どんなに問題の姿が目の前に見えようとも、その姿は仮の姿で消えるのです。今、どんなに善い姿が見えなくても、隠れているのであって、必ず存在するのです。優しさの見えない子どもにも間断なく優しさを認めていれば必ず優しさは出てくるのです。「信じて、認めて、呼べば」必ず現れるのです。「太郎を呼べば、太郎が出てくる。次郎を呼べば次郎が出てくる」。これが、生長の家の教育の基本原則です。

幸せ学級作り

昭和五十五年の一月のある朝、私は騒いでいる私の学級に入って驚いた。男子全員がダブダブのズボンを履《は》いているのです。正確に言うと学級委員長とチビの享《とおる》（仮名）は履いていなかった。

私はいつもの冗談だと思い「はきかえろ」と怒鳴った。すると「今日からこれにします」と言う。「なにっ」と怒り心頭《しんとう》に達してしまった。

私は、授業を学級活動に切り替え、服装問題について説教した。男子は不満顔でまともにこちらを向いていない。女子は男子の横でニタニタしている。女子も男子の味方なのだ。学級活動が終わると享が「僕、きがえに帰る」という。私は不機嫌に「帰えらんでもいい」と怒鳴った。

冷静になって考えた。何で、こんなことになったのか。理由が分からなかった。考えられるのは、あの男子ども、この反抗的行動の心の奥には担任の私や学校に何かの不満か、恨みが渦巻いているのだ。それがダブダブズボンという姿を現しているのだと思った。

放課後、学級会で話合わせる。黙って聞いていると、堰《せき》を切ったように話す。

「頭のてっぺんから足の先まで規則づくめでやりきれない」

「中学生らしい服装とはどんなものか説明してもらいたい」

「らしい服装なんてあるんな」

「服装が勉強しているのではない。僕が勉強をしているのだ」

ワイワイ、ガヤガヤ、言わせておけば際限がない。男子はほぼ全員が発言する。女子はニヤニヤしていて、こちらの助勢はしてくれそうもない。時折立って「十八歳の娘は十八歳らしい容姿と服装があるじゃないか。さっぱりとした若者らしい、学習に一番適した服が制服だ。そして、同じ服装をすることによって仲間としての意識が高まり、よいのだ」と言っている自分の論理が、いかにも貧弱で説得力のない言葉に思えて自分でうんざりしている。しかし、こんなに活発な話し合いは初めてであった。

「よし、分かった、明日からはこんな格好で来るんだな」と確かめると「そうします」と応《こた》える。

「よかろう」とつい、言ってしまった。途端「ウワー、やったー」の大歓声。女子もつられて、歓声をあげている。感謝の声も聞こえる。こう言った途端に、後悔した。これからどうなるのか不安にかられた。私の許可の発言の奥には、私自身に制服に対する抵抗感があったのも確かです。その日、生徒を下校させたのは午後九時前でした。

私は困惑《こんわく》した。三年の三学期、中学の学習や生活の総仕上げの時、しかも、入試や卒業が迫っている。その上、今年度末には新校舎の竣工《しゅんこう》式があり、市長や教育長、それに市の有力者の参加があるというのに、このようなことに陥ったことはのっぴきならない事態であった。これは、生徒が悪いのではない。私のこれまでの指導に間違いがあったに違いないと思い直しました。

これまで、高校全員合格を目指して、そうとうやって来たのだが、子どもはついて来ているものと疑わなかった。それが裏切られた。そんな思いで落ち込んでしまった。いくら考えても、パニック状態の頭は混乱を深めるばかりであった。

その時、私は思い出した。こうなれば自分の小知小才で考えることを止め、神様に全托しようと思った。床の間に坐り、懸命に彼らの素晴らしい中学三年生の姿を心の目で見つめようとした。はじめは、精神統一どころではなかった。憎らしい男どものダブダブズボンが目に映り、心の統一はならず揺れ動いていた。いつの間にか、「実相円満完全誦行《しょうぎょう》」を行っていた。深夜まで坐っていた。

次の朝、早朝の補習はみんな揃っていた。ズボンはダブダブでがっかりしたが、これも試練と案外気軽に思い直せた。

悪夢のような昨日からの現実を試練と思い直し、もう一度学級を見直すことにした。「幸せ学級」作りと名付けた。何をやったかというと、もう中学三年の三学期ですから、とにかくこの可愛くて、憎たらしいやつらに、この学級にいて本当に良かったという思いを残してあげたかった。そこで、次のことを重点に考えた。

○授業や補習、テスト等に集中力を高めさせ、余暇の時間はできるだけ解放する。
○学級が一つにまとまる活動を行う。
○学活、道徳時間に自分を見詰め直す話をする。

等の方針を作った。

授業や会の始まる前にはよく瞑想《めいそう》をさせました。当時、私は誰も引受け手のない剣道部の世話をしていました。指導はできないが黙想と礼法は厳しくやっていた。その黙想を取り入れたのです。まず瞑目させ、手は印を結ばせ「私は神の子、円満完全、無限力」と私の言う通りに心のなかで黙念させた。その後に「天よありがとう。地よありがとう。空気よありがとう。火よ、水よ、冷たさよ、あたたかさよ、ありがとう」と、天地一切の人や物や事に感謝させた。はじめのうちは、不満そうにやっていた。しかし、構わず続けた。特に、父母に感謝することは力を込めて誦行させた。その内、生徒も慣れて来て「今日はせんのな」と言うようになった。道徳の時間には凡《およ》そ次の事を話した。

「宇宙の大生命に生かされている自分であること、その大生命がこの地球上に人間として現れると無限の力を持つ個性的天才が現れるのだ。それが、かけがえのない人間として現れるのであり、それが君だ。その人間を神の子と言うのだ。天が与えた天才はこの地上で自分が果たす使命を表すのだ。だから、君には神様が君だけに与えた、この世を天国にするための使命があるのだ。この春の入学試験の結果は神様が与えた今の時点の最高の指定席なのだ」

その時に一番よく話したのは、

「お前はついでに生まれたんじゃないんだぞ。お前のコピーはこの宇宙には存在しないのだ。コピーがおったらお前が存在しないんだ。時代を超え、空間を超えて、お前はたった一人のかけがえのない尊い人間だぞ。そんなお前を生んでくれたお父さん、お母さんに感謝しよう」

次にしたことは「幸せ学級の歌」を作ることでした。これは西田茂弘さんの「幸せの歌」をもじって作ったもので「男子はハンサム世界一、女子は別嬪《べっぴん》福の神、学力天才世界一、みんな合格、みんな合格……」というのを作った。毎日それを歌って気勢を上げた。その内、ギターの好きな学級委員長が「3年1組の歌」をつくり、みんなで大合唱したものです。私も歌が好きなものですから、暇があれば海岸に行ってロシア民謡や童謡、ラジオ歌謡をみんなでよく歌いました。

また、立派な新校舎の後ろにある古い木造校舎は幾日かすると壊される。長い間の御苦労に感謝するために、綺麗《きれい》に磨き上げようということになった。みんなに糠《ぬか》雑巾もってこさせ、糠雑巾で「ありがとうございます。ありがとうございます」と感謝しながら拭いた。すごいもので床や柱が黒光りに光りだした。すると生徒は益々真剣に掃除をするようになり、片付けも上手になり、年季の入った古い教室が見違えるように綺麗になりました。ある目的を持ちその行動が盛り上がると、女子よりも男子が頑張るものだと思いました。

そして暇を見付けてはサッカー、ソフトボールをやらせた。但し、授業や会の開始時間は厳格に守らせた。その代り、その時間の課題や目標に達したら、時間の途中でもサッカーをやらせた。一ヵ月もすると授業の集中力がついた。授業態度もよくなった。サッカーをやりたいばっかりに頑張った。また、ダブダブズボンでホコリを立てながらやっていたサッカーはやりにくいのか、いつの間にか体操服でやるようになっていた。補習には全員来い、一人でも欠けたらサッカーはやらない。そんな厳しいルールも作らせた。

入試、新校舎竣工式、卒業式は非情にも確実に近付いて来る。それでも私はズボンのことについてあえて一言も言わなかった。男子生徒も頑固にいまだダブダブをはきつづけている。教頭は自分の授業のときに言ったらしい。「お前ら佐野先生をどげんするつもりか。佐野先生クビになるかも知れんぞ」と脅《おど》したらしい。それでも私は服装のことについては何も言わなかった。心配だった。私立高校入試がまずある。それから新校舎の竣工式、卒業式、県立高校の入試。あいつぐ学年末の主要行事が容赦なく近づいてきて、校長や教頭も心配してクラスに来ては説得してくれたが効果はなかった。「佐野先生、あんたの指導が甘いんじゃないの」と言われた。

私は祈った。本当に祈った。彼らが正式な服装をしている姿を瞼《まぶた》の裏に浮かべて真剣に祈った。まさか、服装で入学試験に落とされることはないとは思いながらも不安だった。

私立高校入試の前日、

「お前たちを信じている。H中学の誇りを失うな」と言って送り出した。一人の女生徒がウインクして「先生、心配せんすな、大丈夫じゃけん」と言ってくれた。しかし私は不安が晴れなかった。

次の日、私立高校引率者の報告で本当に涙があふれた。あの野郎ども、みんな正式なズボンをはいていたと言うではないか。うれしかった。

新校舎の竣工式や卒業式も、正式の制服で澄ました顔をして写真に写っている。あの野郎ども心配かけおって。なんだか悔しいやら嬉しいやらで、彼らがこの上なくいとおしく思われるのだった。

卒業式のお別れの学級会で「お前達は偉い。人や事や場所にかなった服装ができるのはたいしたもんだ。もう、立派な社会人になる資格を持っている」と言った。別れに卒業生も教師も泣いた。わがクラスの卒業生は全員合格。誰一人欠けることなく自分の人生行路の最適な指定席に坐った。

子どもは放っておけば碌《ろく》なことはしないと言う大人にとって、当然と思う考えが規制と管理規則を生みだす。子どもは大人になり切らない未熟な人間だから仕込まなくてはならないという思いが子どもの自由な発想や行動を拒む。ほんとうにそうだろうか。つぼみはつぼみの時、その美しさは完成し、三分咲きの花は三分咲でその美しさは、それで完成している。八十の老婆はその時、その年齢の美しさを湛《たた》えている。そんなとらえ方はできないのであろうか。十四、五歳の一番心身共に伸び盛りの若い思春期は、旺盛《おうせい》に自由に自分を表現したい欲望を持っている。また、下手に与えられたものには抵抗する。そのうえ、最も審美感の敏感な時であり、発達する時である。

そのとき、暗い、詰《つ》め襟《えり》の男子の制服、白いネクタイで濃紺のセーラー服というお決まりの制服で、中学二、三年生が満足するだろうか。子どもが問う「らしい服装」は、一面日本の美しい文化かも知れない。しかし、そこには、階級社会の人間規制の思いがないだろうか。当時、制服問題で教師の論議でいつも出てくる心配は、自由にしたら生徒はどんな服装をして来るか分からない。高価な派手な服装で、町で出会った時どこの生徒か分からないから郊外指導が難しくなる。こんな議論が横行し、どの学校も制服の自由は出来ていない現状でした。

私は図らずも、あと三ヵ月で卒業という時、制服の問題に出会い、色々と考えさせられ、レッスンを受けることとなり、ダブダブズボンのお蔭でよい勉強になりました。学校、PTAで押さえ付け、ダブダブズボンを脱がせるのはたやすい。しかし、それをやったらおしまいです。この困難な事態を逆手に取って、彼等の心の変革を促すことが大切で、辛抱づよく話し、あとは信じて、待つ。そうすると、子どもは、きっと本来の善さを現してくるものです。これが本当のゆとりの教育ではないでしょうか。

割れ目があればそこから生命が出てくる

酒乱を止めるために

平成六年九月、橋本清一（仮名）という高校生を自宅に訪問しました。U商業高校一年生、入学して二ヵ月過ぎた五月三十一日、自転車に乗っていた彼は竹藪《たけやぶ》の急傾斜地を転落し、幸いに崖《がけ》のふちに止まり川に転落せず、一命を拾《ひろ》った。市内の病院に運ばれるが記憶喪失の徴候《ちょうこう》があり、癲癇《てんかん》の症状も見えるということで大分医大の付属病院に入院する。約三ヵ月の加療の末、仮退院する。その五日後に訪問したのでした。

その子は背が高く、額《ひたい》はひいでて鼻は高く、目は優しい。ちょっと猫背で、鴨居《かもい》に頭が届きそう。彼は、県立U商業高校に男子で一番の成績で入学したのです。入学して二週間は登校したが、その後登校ができなかった。

清一の家の中は家具とおぼしきものは何もない。父親はアルコール依存症で入院している。母親と中学一年の弟と保育園に行っている弟がいる。収入のすべがなく、市の生活保護の扶助を受けている。ガランとした部屋で清一と対面して、あたりを見ると本箱に『三国志演義』が三冊ありました。

「三国志か、お前、三国志を読んだのか」

「うん」

「そうか。面白かったか」

「うん」

私は吉川英治の『三国志』を読んでいたから、「お前、あの三人の義兄弟のうち誰が好きか」と聞いたら「劉備玄徳《りゅうびげんとく》」。「ああ、そうか。さすがやの」「張飛《ちょうひ》はどうだ」「強いが軽い」「ええっ」私は思わず声を出しました。

「関羽《かんう》はどうだ」「尊敬する」「戦いでどの場面が一番良かったか」「赤壁《せきへき》の戦い」と実にハッキリと即答する。こいつは相当読み込んでいるなと分かった。何回読んだかを聞いてみると三回読んだという。

彼の父親は腕のいい左官でした。左官でありながら現在住んでいる家を自力で建てたといいます。ただ、酒が好きだった。その才能を認められず、仕事に魅力を失い、それを助ける術《すべ》を知らない女房では、父親をアルコール依存症に追い込むのを止められなかった。

清一は父親の事は思い出したくないようだ。父親は飲むうちに愚痴がでる、そのうち怒りだし、物を投げる。母親を蹴《け》る、叩く。完全な酒乱です。清一はその様子を見て弟達と納戸《なんど》に逃げる。

ある日、母の悲鳴で飛び出した清一は、父から蹴っ飛ばされ失神した。その瞬間、父の酒乱は止んだ。静寂な時があった。その中で清一は自分を呼ぶ声を聞いた。父の呼び声、母の呼び声に気付いた清一の目に、自分を心配そうに覗《のぞ》き込んでいる両親の顔が映った。これまで経験したことのない甘美な温かさを感じた。父も母も弟も、家中のみんなが自分を温かく包み込み心配してくれている。至福の時であった。清一は泣いた。無性に泣いた。

その後、父の酒乱のひどい時に、清一は母を救うため、この失神状態を再現したいと思うようになった。彼は死んだまねをして、酒乱を止めたかった。ところが、その思いを続けているうち、母や兄弟を救うための死んだ真似の最高の演技である癲癇《てんかん》症状が現れたのである。その後の彼の崖からの転落事故は死んだ真似の再現かも知れません。

詩

私は清一をよくドライブに誘いました。そんなある日、ドライブの途中、ノートを見せて「詩ができた」という。景色のよい場所に車を止めて見た。その中の一つが次の詩です。

誰にも切れない糸

橋本清一

太い糸　細い糸
さまざまな糸が張り巡《めぐ》らされている
時にはからまることもあるけれど
またもとどおりになって
新しい糸をしっかりと結んでいく
切ろうと思えば切れるけれど
中には切れない糸もある
どうしても切れない
べつに太くはないけれど

しっかりと結ばれていて
どうしても切れない
ハサミの歯でも
ノコギリの歯でも
キズ一つつけることができない
切ろうとすればするほど
その糸は強くなっていく
誰にも切れない
そんな糸が
自分の一番身近なところにあるのに
誰も気付かない

清一はよく詩を書きます。はじめは、悲しいとか、嬉しいとか、寂しいとか、そんな詩が多かった。そこで、「これから形容詞は一切使わないで、事象《じしょう》だけを使って表現してみろ」と話しました。これからは、お前の思いを自由に書いてみろ。一日に三十も四十も作れ。作った後に、これはという作品をノートに書いて、そのノートを私に見せろ、そんなことを言っていました。そうして出来た中の一篇がこの詩で、大学ノートに書いて見せてくれました。

この詩には彼の何かに囚われ行き詰ってしまった絶望感が感じられます。自由に羽ばたきたいのだがどうしても飛び立てない。その糸の檻《おり》は自分で作った檻なのに、どうしても脱出できない。そんな不登校生の気持ちがよく出ています。

ところが、こんな詩もあります。

風船

小さな手を離れた風船は
高く、高く舞い上がり
大空へ消えた
どこまで飛んでいくのだろう
小さな手に残ったのは
かすかな糸の感触だけだった

決して上手い詩ではないだろう。また、詩と言える作品かどうかわからない。しかし、彼が学校に行けない姿の奥に、どれ程多くの囚われがあるだろうか。父親の酒乱、気弱な母親、生活苦のこと、友達付き合い等は彼を押さえ付けるものばかりです。かすかな糸の感触を残して、しがらみの多いこの世界から遠く遠く自由な世界へ飛び立ち、去りたい。その想いが清一の二篇の詩で分かるのです。

清一をドライブに誘うと何の抵抗もなしに車に乗る。当然のように助手席に乗る。私の小型普通車では、彼の長い足は窮屈そうである。清一から話しかけることはない。お父さんのことを話す。退院したら一緒に叔父の土建会社で働きたいと言う。実は、お父さんのアルコール依存症は長い治療で快方に向かい、いつでも退院できるのです。しかし、母親が退院に強く反対し、退院しても一緒に住まない、離婚すると主張して、福祉事務所の係を困惑させている。そのことを清一はおくびにも出さないで話を止め、車窓の向こうに霞む遠くの山並を眺めている。こちらが話しかけなければ、いつまでも黙っている。カーラジオがひとり喋《しゃべ》っている。

その日の午前十時頃であっただろうか、ＮＨＫのラジオ放送は不登校の生徒の指導の番組で、私も、清一も黙って聞いていました。中学三年生の女子生徒が不登校で、悩んでいる母親の相談であった。それに心理学者が指導、助言をするのです。かなり難しい内容でした。私には参考になる。

聞いているうちに隣町との境界の峠に到着する。車を止め緑陰《りょくいん》を歩く。

「清一、お前が相談員だったらどう答える」と聞いてみました。すると、

「ああいうときには、放っておいたらいい」

「なに、どうして放っておいていいのか」

「人から言われる言葉では治らん」

「どうしたら治るのか」

「よう、分からんが自分で治さなければしょうがない」

「うーん、そうだなー」

私は考え込んだ。その時、清一は足下のアスファルトの割れ目から逞《たくま》しく伸び出ている雑草を見つめ、

「根っこが太らなければ駄目だ、任せておけば根っこは太る」と言う。私は感動してしばらく言葉を失い、

「お前すごいこと言うなぁ。お前将来、俺と同じような仕事しろ！　お前は私よりよっぽど立派な相談員になれるぞ」と言った。清一は青白いクールな顔をゆがめて苦笑した。

彼は分かって「任せておけば根っこは太る」と言ったのだろうか。それにしてもたいしたことを言うやつだと感心しました。彼は不登校で苦しみを味わったはずで、自殺まで演出しています。その上、長い病院生活であった。そこには、絶望だけが存在すると思われるのに。彼の言う「任せておけば根っこは太る」の言葉の中には、人間の絶対「善」の意識がなければいえないことばと思われる。彼の中にある本来の「治る力」を苦しみの中から直感的に感じ取ったのかも知れないと思いました。

その後、彼はバイトでよく働き、商業高校には復帰できなかったが、医療保険事務資格を通信教育で短期間で取得し、今は隣町の土建会社で働き、退院した父と生活しています。

家庭の独裁者を演じる不登校

いじめっ子が謝れば解決するか

平成六年六月、ある梅雨の夕刻、相談室に一人の女性が訪ねてきました。挨拶をして、しばらく私を見つめていた女性が「佐野先生ではありませんか」と言う。「そうです」というと「私は高村幸子（仮名）です」という。この瞬間が私にとって困るときで、教え子であるが思い出せない。「ああ、そうですか」と言って、ともかくも話を聞くことにしました。

次男の広昭君（仮名）が不登校になったというのです。五月の連休のあと、野球部の仲間からいじめられ、頭に怪我をして帰り、翌日病院に行き治療をするが、それ以降は学校に行ってないという。母親は学校の〝いじめ〟の対応に不満を持ち、非難を並べる。学校のいじめの真実追求の鋒先《ほこさき》が鈍いというのである。学校は生徒の上手《うま》い、ずるい証言に振り回されている。「信じること」を大切にする教育の場は捜査の素人《しろうと》ばかり、手間取るのは普通です。しかし、いじめがわが子の不登校の原因であると確信している母親は、いじめっ子に謝らせれば、不登校生は次の日から学校に通うという幻想から逃れることが出来ないのです。

不登校生の親は、不登校のわが子に、必ずその原因を尋ねる。ところが、不登校の当事者は、きっかけとなった事件は言うのですが、本当の原因は言えないのです。学校に行けないと思う恐怖の思いは、深い心の奥にあるのです。だから子どもの証言だけが原因と思うと、間違ってしまう場合が多いのです。深い心の底のわだかまりは、生まれてこのかた長い年月の中に堆積《たいせき》した心の闇の積み重なりなのです。

「佐野先生の大丈夫経」

平成五、六年当時、不登校生は世間から認知されていなかった。学校に行かないことが狭い山村ではどんな目でみられるか予想がつきます。これは、大変不名誉なことであり、わが子の将来を他人が不吉な予想をしてくれる。それが、母親にとって耐え難いのです。母親の顔は、これまでの心労と焦りで青白く痩《や》せていました。

その時、思い出した。母親のことばを制して「あぁ、思い出した。君は滋賀県の製糸工場に就職して、そこで、高校、短大を出て、そうだ、君は優秀な子だった」

当時の中学生の進路にはこうした就職先が珍しくなかったし、優秀な生徒でなければできなかった。苦学して、短大まで出て、企業から信頼され、望まれて結婚した。そして、家族皆から祝福されて誕生したわが子が、学校に行けない。予想もしなかった事態に悩み、苦しみ、焦る。遂に藁《わら》をも摑む気持ちで相談室に来たのです。

私は「そうか、つらかっただろうなあ」「苦しかっただろうなあ」と心から共感する。

母親は涙を拭いた。

「不登校以来いろいろとやったんでしょう。それでもうまくいかずに昼夜逆転の状態だね」

「そうなんです。大丈夫でしょうか」

私は聞いた。「ところで、広昭君は生きていますか」

「ええっ」と驚く。

「生きていたら大丈夫、大丈夫なんです」

彼女は「そんなこと言って……。どうしてですか」と言う。

そこで「人間のいのちはもともと大丈夫に出来ているのです。だから不登校なんてすぐに治るよ」

ホントですかという顔をしている。

広昭君の母親はその後、よく相談室を訪れる。はじめに宣言した「人間は大丈夫だ」という話をなんとか分からせるために、「生命の教育」のテキストを持たせて、学習をしました。また、当時私の「家庭教育教室」に誘い一緒に勉強させた。その頃から私の「大丈夫」の連発に、「佐野先生の大丈夫経」と名付けるほどに母親は明るくなっていました。

「広昭君の問題は学校に行く、行かないが問題ではないのです。これまで、広昭君の心の奥に溜《た》まっている心の凝《こ》りを一つ一つ取り除いてやることが大切なのです。その心の闇を一つ一つ消すためには、お母さん、あなたの心を光に変えて、広昭君の心に光を点《とも》すのです」

母親は吃驚《びっくり》した顔で「どうしたらいいの」と聞く。

「そうね、まずどんなことがあっても広昭は大丈夫、大丈夫と口で唱《とな》え、心で強く思い、大丈夫だと思えることができる心になのです。そして、どこまでも明るい心に変わること、これが肝心なことなのです」

「親の私の心が変われば子どもが変わるのですか」

「その通り！　この問題は小手先の方法では治りませんよ。焦《あせ》ってもダメ。腰を据えてじっくりと取り組みましょう」と言うと、

「焦っても、駄目なんですね」と納得したようでした。母親は、近いうちに本人とあう私の約束を喜び、ホッとした顔で帰って行きました。

寡黙な子ども

丘の上に和風の立派な家が建っている。それが広昭君の家でした。お祖母《ばあ》ちゃんに案内されて豪華な応接間に坐る。お祖母ちゃんがお茶を出す。「ヒロ、来たよ」と三、四度呼ぶ。なかなか出てこない。「ヒロ、早う、来《こ》んな」と催促する。やっと来た本人は中二としては背が高く、眉毛《まゆげ》が一筋真直ぐでよい男子、やや痩せぎすである。彼は来るなり応接台の前にドスンと坐りうなだれる。私は自己紹介をしていろいろと尋ねる。「うん」「ううん」と彼の豊かな頭髪の縦、横に振る返事を見るだけ。「君の担任はなんという先生か」と聞くと「Y先生」と応える。「君はいい声しちょるの」と誉めても顔は上げない。お祖母ちゃんが菓子をすすめながら「ヒロ、あんた頭を上げて話をせんな」と助けてくれる。しかし、いよいよ肩に頭は沈む。

私の印象が悪かったんだと諦め、お祖母ちゃんに立派な庭を誉める。お祖母ちゃんは喜んで応《こた》えてくれる。「あれはみかん畑ですか」と聞く。「あれは、カボス畑で、ヒロもよう手伝ってくれるんで」と話していると、広昭もいつの間にか頭をあげ、涼しい顔で畑をみている。「ああ、私は拒否されていないな」と安心する。

女系家族

広昭の兄弟は三人で長男は高校一年、次男が中学二年の広昭、三男は小学校六年です。それに、祖父母と両親で七人の家族で、父は農協の職員で課長を勤め、母は市内の食品工場に勤めています。代々女系家族で曾祖父も祖父も養子である。ところが、広昭の父親が男子の跡継ぎとしてはじめて生まれた。高村一家の慶びはどれほど大きかったことか。

広昭の一番懐《なつ》いているのはおじいちゃん、とにかく優しい。嫁の幸子さんは「空気のような人」という。家の実権を握っているのはおばあちゃんで、感情の起伏が激しい。おばあちゃんの御機嫌を一番気にしているのは嫁の幸子さんである。一家はおばあちゃんの機嫌の風向きに振り回されている。父親は大人しい。子どもを叱ることもなく、日曜日には海に魚釣りに行くことが決まっている。「広昭は連れて行かんの」と聞くと「広昭は魚釣りが好かんので行かん」と母親が答える。二世代家族で理想的だが、何処《どこ》かが足りず空転しているようで気になる。祖父と父親の存在が薄い家族という印象を受けるのです。

居間の独占

広昭の家にはテレビが三台ある。最も大きい豪華な一台は居間にある。祖父母の部屋と両親の部屋にそれぞれある。その居間のテレビは広昭が独占している。そのうえ、居間は広昭の部屋として占領していて、兄弟以外は入ることを拒み続けている。夕食の済んだ父親がテレビを見ようと居間に入ろうとすると、広昭は「入るな」と怒る。「まあいいじゃないか」と入ると「出て行け」と怒鳴る。はじめは父親も怒っていたが、今は諦めて自分の部屋のテレビを見る。母親がその広昭の態度を叱ると、きっと祖母が「むげねえに（可哀想だから）、まあ、いいじゃないか。ほうっておけ」と干渉する。母親が「お母さんにテレビを見せて」と言っても、手を横に振って「出ろ」と合図する。おじいちゃんは、その紛争の圏外に逃れるため、早々に自分の部屋に上がる。お母さんが叱ると、すれ違いざまに肘《ひじ》で身体を突く。兄や弟が居間に入ると実に楽しそうに喋《しゃべ》っていると言う。まさに、主客転倒の家族である。

ある日、父親に会うことが出来た。大柄で背も高い。穏やかで有能な人物である。私は、この家族のあり方を良くする為に、真正面から取り組むことが必要であると言った。また、「時には身体を張って息子を叱り飛ばさなければ効きませんよ」と言ったが、下を向いて煙草を吸っていた。父親は、大事に大事に育てられ、叱られたことも、叱ったこともなかったのであろう。だから、叱れない父親になったのだろう。

摂食障害

広昭が居間を独占するには理由があった。台所が隣で近いからであった。広昭は食事の一家団欒《だんらん》には入らない。自分の都合のよい時に勝手に食べる。夜中であろうが、夜明けであろうがお構い無し。ラーメンやスパゲティ、焼飯《チャーハン》はお手のものである。いつも、作り過ぎる。母親は、料理が上手でよく食べると自慢げに言うが、このことが私には気になっていた。後で判るのだが軽い摂食障害で過食、拒食の間を揺れた生活をしていたのである。

深夜のドライブ

昼夜転倒の生活をしているわが子をみると、母親としては何とかしてやりたい。深夜眠れないわが子を何とか慰めてやりたい思いで、ドライブに誘う。母と子の深夜のドライブである。母は昼間の勤務の疲れを押して、広昭をドライブに連れ出す。広昭もついて来る。隣の町から、隣の町へドライブする。夜明けまでしたこともあるという。疲れて、出来ない時にはおじいちゃんが連れて行く。そんな、深夜のドライブが続いたと聞いた。

人に見られたくない

昼間の私とのドライブは拒んだ。皆の声援で乗るまでには時間がかかった。「それなら、行くか」と誘うと、彼は運転者の後ろの席に乗り横たわる。彼の頭は運転者の後ろにある。「なんでそこに乗るんだ」と聞いてもだまっている。考えてみると、人に見られたくない。つまり運転者の後ろに乗ると見られる確率が少ないのだ。海岸をずっとドライブしていると「あれ、何ていう島だ」「あれは何ていう木だ」「あの山は何ていうんだ」と段々質問が出始めてきた。これはしめたなと、ドライブは会話を引き出すよいチャンスととらえて受け答えをした。ところが街中まで来ると、彼の姿勢はだんだん横になっていく。後ろの席で顔をあげない。特にデパートの駐車場に行った時など「弁当買いにいくよ」と言っても外へ出ようとしない。

彼は山道が好きだから、ある日、山道をドライブしていた。そうしたら、車の後輪が溝に落ちた。「あっ、落ちた」と言ったら、「ガバッ」と起きた。本当に素早かった。パッと外に出て「二人であげようか」「よしやろう」と持ち上げにかかったが、重たくて持ち上げられない。すると、百メートルぐらい後ろの道にトラックが一台止まっていたのを彼は見ていて、

「運転手さんに頼んでくる」

「あっ、そうか、なら行って来い」。それで、彼は走っていった。身に危機を感じた時は即座の行動がとれるのです。驚きました。

母親は熱心で、よく相談に来ていました。私がそのときに話すのは、

「あなたの目の前に現れている悪いと思われる姿は本当の姿ではないのです。仮に、そのように見えている姿です」

「そんなこと言ったって、実際悪いじゃないですか」

「そうでしょうが、その悪いという姿は移り変わる姿ですよ」

「悪い方に、悪い方に移り変わっているのです」

「姿として、現れる悪いこと、その現れたものは、変化しながら消えるのです。この前、

私は目イボができまた。はじめは目がコロコロして気持ちが悪かった、それが、はれものとなり、膿《うみ》を持ち、乾いて、ヒセがとれ、今は、消えて無くなりました。悪い後には必ず良いことが待っているのです。それを信じなさい。もともと、人間の創造主の神様は、人間を円満完全にお造りになっているのです。だから、移り変わる悪い姿は無いのです。だから、消えるのです。消えた後は善いことばかりが現れるのです」

「そうですか？　でも、よくわかりません」

「そうでしょうね。でもこれは信ずることによってのみ、実現できるのです。肉体の目に見える現象の悪い姿が本当だとしか思えない人は、小手先でいろんな手法を駆使しても善い姿は現れません。あなたがこの子は本来善い子だと信じることもしないで、その子が善くなると思いますか」

「そう言えば、そうですね。善くならないと思います」

「私は、この場所に来たいと思わないのに、私の知らない内にこの場所に来ていたということは一度もありません。心に先立つ現象はないのです。だから、見方を変えるのです。悪いことを無視して、良いことばかりを心にしっかりと描くのです」

「でも先生、悪い所があるから善くするのではないですか」

「悪いことが本来あるならば、どんなに人間が頑張っても悪は消えないで、善くならないのです。そこには、人を善くしようという人間の営みである『教育』という作業は人間の意識にも上らないでしょう。人間には『素晴らしい教育をしよう』という理想がありますね。人間社会に絶望を繰り返す歴史がいくら続いても、人間はその理想を捨てられませんね。それは、なぜか。人間の心の奥の奥に最高の『善』が宿っているからです。それを神性とか仏性ともいうのです。だから私達は『人間は神の子』というのです」

「そうですか。家《うち》の広昭も神の子ですか」

「その通りです。広昭君は不登校という姿を現している神の子です。その不登校という仮の姿は、本来ないものですから消えざるを得ないのです。大丈夫なのです。大丈夫、大丈夫」

「あら、先生の大丈夫経が始まったわ」。皆大笑い。

「さあ、それでは子どもの善い姿を見るレッスンをはじめましょう」といって、「わが子を讃える十個条」をつくる。土曜日、私達の家庭教育勉強会に来てもらって、話をしている。ずいぶんお母さん方が来てくれます。

不登校のお母さんが解放される「絆《きずな》の会」を、教育委員会と退職校長の有志が作りました。不登校のお母さんは、ここに来るとものすごくおしゃべりになります。自分ほどひどい不登校児を持っている人はいないと思っていたお母さんが、同じような人がたくさんいる。それでちょっと話をすると、ホッとする。肩の荷をおろして帰らせるというのがねらいです。どうしても、心配がとれないお母さんには私の勉強会に誘います。たいていの不登校児童は快方に向かい、いつの間にか学校に行っています。

あれほど元気にドライブに同乗していた広昭君が、運動会が過ぎるとドライブを嫌がり、家から出なくなりました。中学三年は進学のための三者相談が九月から始まるのです。そういうことが始まると、学校に行っていない彼は本当に外に出られなくなるのです。広昭君はすごく緊張し不機嫌で、母親に当たる生活になる。秋頃から軽い家庭内暴力で母親を悩ます。

年が明ける。広昭君は両ひざに頭を突込み、顔も上げない。正月頃、いよいよ入試が近い。そういう進学の一大行事があると、彼自身わかるから、顔を上げられないのです。

毎週一度訪問する。問いかけの返事は頭部の髪の毛の揺れで判断する方法に退行しました。その判断する首振りも縦振りもだんだん弱くなる。私が、眠れたか、食べたか、風邪よくなったか、つらかろうなとの問いかけしかできない。三分も経たずに終わる。仕方ないからここで君のために祈るよと言って、仏壇の前で正座して広昭君の実相の円満完全の姿を観ずる「神想観」をする。時には『甘露の法雨』を読む。三十分足らずであるが、広昭君にとっては変な先生と思ったであろう。広昭君の祖父母が後ろに坐っていました。広昭君は照れて、どこかに雲隠れしていなくなっていた。

帰り際《ぎわ》私は広昭君に、彼が聞いておろうが、おるまいが、必ず言った。「お前は神様から選ばれた、ただ一人のかけがえのない人間だ。だから、お前の進む道は、神様がちゃんと指定しているのだ。お前が前に進もうとする時、神様はきっと最高の道をお示し下さるのだ。学校へ行くか行かないかは、お前が決めればいい。誰が何と言おうと実行できるのはおまえしかいないんだ。大丈夫、大丈夫、大丈夫なんだよ」。そういうようなことを言っていました。

「定時制でも受けなさいよ」と、いよいよ高校の定時制の願書を出すことになった時、助言しました。卒業式に出席はとうとうできなかった。卒業証書を校長がわざわざ自宅までもってきてくれたのでした。

第一次選抜試験の朝、どうしても起きることができなかったので受験できなかった。

定員が足りない分を補充する第二次試験が行われることが決まった。その願書を提出する前々日、「僕、二次試験受ける」と言った。家人はびっくりした。「何！」と、あわてて手続きをする。二次試験の朝は、堂々と試験場に入ったという。発表の日、みんな目と耳を疑った。八人中四人合格。その合格の中に広昭君も入っていたのです。

それから高校一年生の時にはちょっと休みがあったが、出席日数は心配なく無事進級した。二年、三年、四年と順調に進み、定時制をめでたく卒業しました。

自分の善性を認められればそれが出る

平成七年の九月、私は保護司として二人の暴走族を引き受けました。一人は少年Aで商業高校の二年生。もう一人は水産高校二年の少年B。両者共に高校を中退している。中退の原因は二人とも、どうやら喫煙のようである。

二人のそれぞれがはじめてわが家に来訪した時、驚かされました。少年Aはさっぱりした作業服にサングラス、真っ赤な髪に銀色の小さなピアス。彼は、この地区の暴走族「魔女連」の団長である。小柄であるが好い男である。野球部の遊撃手をやっていたという。

少年Bは部屋に入る時、自然と首を下げて入る程の高い背丈で、上はアロハシャツに下はダブダブの半ズボン。頭はモヒカン刈り、中央に刈りそろえた髪は真の黄金色、お祭の獅子《しし》の歯に塗っている金色である。形はヤクザで身体は大きいが、人のよさそうな、まだ幼稚な感じが残っている。

二人とも、平成七年の春、別府市の郊外で行った暴走行為で検挙され、単車の窃盗が発覚し、保護観察処分となり、二人とも同じ日に私の保護観察下の者となった。両者の就職は不安定である。いずれも、土建会社の土木作業員として働いているが次々と職場を変える。親の世話を受けずに友達の紹介で職場を見つけることが多い。

少年Aの家族は母とA君と二人である。父親はA君が保護観察処分を受けた直後に離婚していた。理由は定かではない。本人に聞いてみると、そのことを納得したような顔をして、時々会っていると言う。母親はスナックに勤めていたが、その後土木会社に勤める。

少年Bの家庭は元農家で、今では祖父は亡くなり、祖母が病気で農業はやめている。両親は各々市内で働いている。兄が二人いて真面目に働いていて、弟が中三になっている。

保護観察を受けた少年は月に二回保護司の家を訪問すること（来訪）と、一回の保護司の訪問（往訪）を受けることが遵守《じゅんしゅ》事項となっています。A君、B君の共通した特別遵守事項は暴走行為をしないこと、仲間から離れ、再び入らないこと、真面目に学業や仕事をすること等でした。A君は来訪を一度も欠かしたことはない。来られない時や遅刻する時には連絡がある。B君はできるなら来訪はサボりたい。遅刻は多いし、無断欠席もある。二人は同郷の仲間で、同時期に同じ罪を犯している。私は、二人が仲が良いのかと思って同じ日の同じ時間に来訪することを提案して始めましたが、間もなく嫌がり別々に来訪させることにしました。

A君B君の遵守事項で一番難しいのは、暴走族の仲間から切り離すことです。仲間は、この二人が保護観察中であることなどはお構い無しに誘う。誘いに乗らなければ暴行を受けることもある。仲間は暴力団組員から操作されている。そのことは、この二人はよく知っている。

平成八年七月、大分市長浜神社の祭典の出店紛争事件では、組員の呼び掛けで県下の暴走族の少年は総動員させられた。その騒動で殺人まであったことは地方新聞にでかでかと報道された。私は彼らがこれに加わっているのではないかと心配しました。聞いてみると「神社に行ったが遠くから見ていて逃げた」と聞いてホッとした。この騒動と身近な殺人事件に、仲間の凶悪性に気付いたようであった。二人は暴走族から次第に離れてく。

A君は、時間通りに来訪します。高校を中退させられたが高校の卒業の資格は取りたいと思っている。だから、通信制の高校に入学する。仕事の合間にレポートを書き、課題をこなす。時々持って来て見せる。彼は立派に高校生の学力は持っています。土建会社もいくつか変わったが、母と同じ会社に変わって、真面目になった。はじめは、自転車で来ていたが、車の免許を取って軽トラックで来ました。どうしたのか聞いてみると、社長から仕事で誉められ、通勤に使って良いことになったと言います。それだけ信頼されたかと、それは良かったと家内と一緒に喜ぶ。時には「今日はブルドーザーの運転を習った」と喜んでいました。その日は喜びで光っています。

そのうち真っ赤な髪が栗色になっている。

「お前、髪はどうした」

「うん、染め直した」

ある日、狭い道のわが家に普通車で乗り込んできました。社長に今日からこれにしろと言われ乗ってきたと言う。A君は変わった。両耳のピアスはつけているけれど、何処かが変わった。何となく所作、動作が大人びて来た。妻も感じている。

元野球部の好漢であるA君には女子高生が寄り付く。「お前、何人の女子と関係したのか」と聞くと「分からん。数えたことがない」という。つづけて「もう、遊びは止めた」「どうして」と聞くと「これからのことを考えて」という。「誰か、好きな人ができたんか」と問うとうなずく。専門学校の女生徒ということである。家に遊びに来て、母親と仲が良いことを嬉しそうに話す。その日の彼の髪は濃い栗色になっていました。A君の彼女は彼に「折角、通信授業を受けているのだから、卒業しなければ一緒にならない」と言われているといいます。

「またレポートを見て下さい」という。帰り際にいう挨拶もしっかりと言って帰るので、家内が「もう、大丈夫ね」と言った。

A君は二年三ヵ月の観察期間を一年六ヵ月で終わった。

厳しい環境が彼を変えた。また信頼と愛が立ち直らせたとも言えるでしょう。

B君は近隣にある、土建会社に誘われ入った。社長は元組員で、足を洗い土建会社を興した人物だが世評は厳しい。その社長の息子が同じ時期に保護観察を受けていました。B君はその社長の息子の仲間でよく遊んでいる。社長は自分の息子と別の仕事場をB君に与えるが、仕事の後は会社の何処かの場所に息子とその仲間がたむろしている。その中にB君が入っているのです。彼の無断外泊が続いていた。

明日がやっと自動車学校の路上試験という夜、B君は皆からそそのかされたのか、友達の車を借り、隣町まで運転をした。その町で酒を飲み、帰りにも同乗者におだてられB君が運転した。その途中でパトカーに出あった。吃驚《びっくり》した彼はスピードを上げてしまった。

不審車と思ったパトカーは追った。彼は山の道を逃げた。ダムサイトの道になったがスピードを落とさなかった。カーブにハンドルが間に合わず、ダムに向かって滑った。幸いなことに樹木にかかり、辛うじて湖面には落ちなかった。奇蹟的にも命拾いをした。

このことで、B君の保護観察期間の短期解除は絶望的になったし、そのうえ、車の免許取得の機会を失うことになり、入院、弁償、裁判など苦痛が続く。このことがあって、遊びの世界と現実の厳しい世界の違いがわかった。彼は、車の弁償、入院補償金等を少しでも稼ぐために、真面目に働かなければならなくなった。今までのように、上司が気に入らないからと喧嘩をすることはできなくなった。それでこれまでになく良く働いた。

社長も自分の息子とその仲間からB君を遠ざけるために、彼を県外のダムの現場に派遣した。宮崎県、熊本県、広島県、山形県のダムに行った。短い時で二週間、長い時で三ヵ月。最後には富山県の黒部ダムで六ヵ月ほど働いた。ダムの配管の敷設修理が主な仕事で、飯場や指定の旅館で宿泊し暮らしていた。保護観察中の者の旅行や居住地の移転は難しく、そのために幾度も書類を書きました。

B君は素直に年上の労務者の指導を受けるようになった。彼の周りに反抗に同調する若い者がいなかったのです。素直になるほかなかった。素直に従うと年上の同僚から可愛がられた。少しは仕事もできるようになった。認められると意欲が出て来た。Ｂ君は変わって来ました。

思いがけない夜に電話がかかる。出るとＢ君だ。「どうした。寂しいんか」「ううん、寒みい、みんな町に出た。街から遠いし、テレビも飽いた」「一緒に行かんのか」「年寄りばっかりで面白く無い」と愚痴の電話がかかって来る。「そうか、つらかろうのう。いま少しの辛抱だぞ」と話す。帰って来ると家に寄らせた。日焼けして身体が引き締まった感じになっています。少年から青年になっていた。落ち着いた。今やっている仕事のこと、異郷の飯場や旅館の生活のことをゆっくりと話す。彼にとって相当に厳しい生活のようである。「やめるか」と聞くと「やめん」としっかり言う。よく見ると頭髪のモヒカン刈りは何時の間にかなくなり、襟元《えりもと》を美しく剃った短髪の黒々とした頭となっていました。彼は、三年後の二十歳の誕生日の前日に保護観察を満了して解除された。今も何処かの現場で元気に働いているであろう……。

亡父への一筆啓上

「東京見えたか！　上海見えたか！」

「東京見えたか！　上海見えたか！」とは孫を「高い高い」と天に差し上げるとき、つい口から出てしまう私の言葉です。孫に「高い高い」をするとき、老齢期に入ろうとする私に、条件反射のように出てくるのはなぜだろうか。普段は無意識の奥に仕舞い込んでいるこの言葉は、私の幼児期に、父に幾度となく「高い高い」をされ、聞かされた言葉なのです。

東九州の片田舎《かたいなか》の貧しい農家の長男であった父は、青雲の志を持ち、東京へ、アジアへと夢を広げたが果たせなかった。そして一介《いっかい》の職工として生きると覚悟したとき、息子に託した父の夢であったのでしょう。「東京見えたか！　上海見えたか！」。この言葉の「より遠く、より広い世界におまえの可能性を求め躍進せよ」と示してくれている響きは、今でも私の心の中に生きているのです。

お父さんの窓際は、誇りある窓際だったのですね

「雨が降り出すとシメた」と思う。「僕、傘持っていくで」と和傘をひっ掴み駆け出す先は、父の勤める専売所（今のJT）。父に傘を持っていくのだ。戦時中の国民学校の児童であったころです。専売公社の守衛に傘をハイッと見せて、きつい煙草の臭いと騒音の工場内に入る。鼻をつくようなアルコールのにおい。父の機械は廊下側の一番見やすいところにあります。私が行って傘をあげて見せると、機械を止めるわけにはいかないから、歩いてきてさっと取り上げてまた帰っていく。ありがとうくらい言えば……。

私は窓に顔をつけ父の作業の一部始終を見る。これが父に傘を持ってきたときに許される第一の楽しみです。固く圧縮された葉煙草の束を刃に押し付けると、瞬間、上下に刃が

激しく振動し、煙草が刻まれる。むかしキザミ煙草というのがあってそれを作っていました。それをすごいスピードでやって、出たのを長方形の浅い木箱にきれいに並べる。父の作業は流れるように手際がよい。その流れるような作業の手元を私に見せるように体をよじる。私は夢中になって見る。そうしてしばらくは見せてくれるのですが、三十〜四十分ぐらいすると、父は手を横に振ります。「もう、帰れ」の知らせです。私は満足し弾んだ気持ちで家へ駆け出すのです。後で聞いた話ですが、廊下の窓際で作業をする職工は優秀な職工で、上司の臨検に応《こた》えられる技術者であることが条件だったといいます。そう言えば、父の遺品に多くの表彰状が出て来ました。

あと二つ楽しみがありました。一つは何かというとあまり早く行ってはだめです。五時になったら仕事は終わります。その頃に傘を持っていくと、めったにない幸せがある場合があります。何かというと、作業の終わった父が無言でエレベーターを指差すのです。「来い」と合図するので、付いていくとエレベーターに乗る。これが嬉しい。三階まで上がるのに天国に上がっている様な気がする。そこに浴場があるのです。風呂につれていく。工場内で私は風呂に二回くらいしか入っていません。湯船があってタイルの縁は丸くなって深い。一段浅いその縁に私が立ったって胸くらいある深さでした。めずらしくて、少し怖くて、ゆっくり温まるという気持ちもなく、何とも言えないというか珍しい時間でした。

私の母もこの工場に通っていたのです。母はキザミ煙草の袋づめをするのですが、三階がその仕事場です。専売公社の建物があって外塀《そとべい》があり、その向こうに我が家の借りた田がありました。

麦刈りをして麦の穂を取る作業を、私はいやだなと思いながら、じいさんとばあさんがやっていたのを手伝うのでした。そうすると三階からお母さんが顔を出し、「恒《つね》チャーン」と声がかかり、ちり紙の中に飴を入れて上からバーンと投げてくれる。その三階の窓から田まで落ちてくる白いつぶて、そのちり紙のつぶての落ちてくる白い軌跡が今でも目に焼きついています。何遍あったのか、何遍もあったような感じがするけれど、三階を見上げて、薄青色の作業服に白いエプロン姿の母がいないかな、いないかなと目をこらす、これもめったにない幸せでした。

昭和九年頃の私の赤ん坊の写真は、専売所の保育所のベンチの上に坐っています。私の授乳は専売所の保育所です。乳もたっぷりゆっくり飲ませられない。だから何となく私の嗜好《しこう》は、酒はだめだけど、煙草はやめられない。これは余談です。

我が家は丘の中腹にあり、私は今でも坂の下の方向を眺めていると、母さんが帰ってくるかなというような感じがします。母さん、いつ帰って来るかな、そんな思いが今もあるようです。母は昭和四十四年に昇天しました。

ただ黙々と働いていた父の面影《おもかげ》に今感動しています

父のことで感心するのは、父が家族のために黙々として働いていたことです。昭和十九年、一軒に一つ防空壕《ぼうくうごう》を掘ることになりました。それを専売所の仕事を済まして、当時は「月月火水木金金」と言いまして、休みというと後には月二回くらい電気休みというのがありましたが、休みなしで働いていました。父は勤務後、それこそ毎日防空壕掘りをしていました。このあたりの土は、阿蘇凝灰岩《あそぎょうかいがん》、阿蘇噴火の後の堆積《たいせき》したものを我々ははいい石と言うのですが、はいい石も私のところは固いです。防空壕が出来て私たちが入ると、入り口は立って入れなかったが、中に入ってみると直角に右に曲がり、その奥は広くなっていました。この作業は大変な作業だったと今でも思っています。

それをやってしかも二反ばかりの田と、一反弱の畑を作って少ない現金収入の中、一家十人の家族と育ったのでした。ばあさんはもう脳溢血《のういっけつ》で半身不随だった、じいさんは声だけ威勢はいいのだけれど、実質の仕事は親父がやっていました。私たちも素直に手伝えばいいのだけれど、親の目を盗んでは遊びまわっていた。

昔は今みたいな燃料でなくて薪《まき》。山の斜面を買って、潅木《かんぼく》を切って薪にする。それを十一月終わり頃から十二月いっぱい手伝うのですが、いやな顔をして手伝った。ほんとうに親父に済まなかったと思う。

「薪《たきもん》採りに行くことになっちょったのに、早う行かんな」と母に言われて膨れ面《ふくづら》でセータ―（木製の薪を背負う道具）を背負い、厚鎌を持ってシブシブ出かける。部落の家が見えるところは急ぎ足で歩き、山が近くなるとゆっくり歩く。次第に腹が立っていたのが治まる。枯れススキを折ってくきを口にくわえて山道を登る。いつの間にか口笛を吹いている。心の中では唄を歌っている。そんな自分を発見して、なんだか怒っていたのが馬鹿らしくなってくる。こんなことが幾度あったことか、もっといい顔をして手伝えばよかったと今では思うのです。

父は子どもの目から見ても、驚くほどよく働いた。朝早くから暗くなるまで働いた。いくら暗くなっても父が帰って夕餉《ゆうげ》の食卓に着くまでは夕飯にありつけない。がまんした。弟が泣くとき、天井に釣ってある籠《かご》の中の芋などを一つ取ってやって、自分も食べた。

父は黙々と働いた。一度も自分の働きを誇張し、恩に着せることはなかった。ただ、いつも機嫌の悪い顔をしていた。しかし今考えると体の不調を訴えていたのかも知れません。

張り倒された土間から立ち上がりました

昭和二十年の早春の頃、国民学校六年生で皇国少年の私は新聞配りを課せられていました。灯火管制で街灯など全くなかった真っ暗な寒い早暁はつらく、怖かった。それでなくても、泣きベソで臆病な私にとって、昼間でも崖の上から樹木が覆《おお》い、大井戸が、崖下にポカリと口を開いていて、古い墓地のある路《みち》を通らなければ玄関にたどり着けない屋敷があり、そこに行くには勇気がいるのです。私はその家の新聞を幾日か屋敷裏の笹垣《ささがき》に差し込んで逃げるように帰ったことがありました。

ある日の午後、父に呼ばれて台所に行きました。父は、いきなり私のほっぺたを叩き、私はそのまま土間に突き伏せられました。

「いいかげんなことをするな。五日間の新聞を探して今日中に配れ」

私は泣きながら近所の家に頼んだり、家中の者が新聞を探してくれ、兄は友人の家に走り、おじいさんは新聞店に行った。そうして五日分の新聞をそろえてくれました。夕方、揃った新聞を持って母と謝りに行きました。

その日の夕飯に、父は自分の皿の煮魚を私の皿に一尾のせてくれました。父は口数が少ない。必要なこと以外は言わない。だから、叱られた時にはひどく響く。今でも、この日のことは私の骨身に染みています。当時の親父で思い出すのは、この難しい顔です。

縁台の二人に滴《したた》る星雫《ほししずく》

あれは戦争中だったか、戦後のことだったか、夜のわが家の坪は真っ暗でした。「坪」というのは、家の前の穀物の干し場に使う土をたたき固めた庭で、子どもたちが穴を掘って遊んではよくおこられたものです。今のような街灯があるわけでなく、家の母屋《おもや》の裸電灯の薄い光が屋内に光っているだけ、だから外には闇が覆《おお》いかぶさっていた。小学校六年か中学一年のころのことだったのでしょうか。坪の真ん中に畳一畳程の涼み台が置かれ、その風上に縁の欠けた火鉢に干したヨモギを入れ、いぶしている。煙が牛小屋のほうに流れる。蚊やりの煙です。

母屋と牛小屋に空は区切られているけれど、見上げる空には真夏の満天の星があった。大粒のダイヤのような星がいくつも輝き、その間に無数の星がきらめいている。母屋の屋根から門口の方に銀河が流れている。今では白鳥座、オリオン、カシオペアと分かるが、無学である父と、当時劣等生であった私は、何も星のことは分からなかった。——私は少々緊張している。二人はウチワを手に、初めは坐っていたが、いつの間にか身体半分ずつ涼み台に仰向《あおむ》けになり、頭を突き合わせに寝ている。父にこんな風に接近するのは、こんな時しかなかった。二人とも無口、天空の星の奇しき光芒《こうぼう》に感動を覚えている。しかし、その感動を表現する言葉を二人とも知らない。ただ黙って見ている。

その時、ふと父が、

「恒、勉強しいや、お前は次男じゃけんの」

と言う。

「うん」と答える。続けて何か言うかと待っているがなかなか言わない。しばらくして父が言った。

「一生は長いんぞ。今からでも間に合うんぞ」

「うん」

「お前は勉強できんけど、バカじゃねえ。真剣にやっちみよ」

「うん」

「俺は高等小学校出じゃ。役に立つ勉強をしよや」

「うん」

「俺は違う世界を見たかった」と言って星空を見ていた。私は何も言えなかった。父はこの家を出たかったんだなと思った。

この情景は、今、年をとった私ですがよく覚えています。会話の内容は正確ではない。こんな情景と、こんな会話が当時の父の心を最もよく表していると思われるのです。

彼女の人柄判ったでしょう、お父さん

昭和二十四年、私は新制中学校三年生でした。中学に入り、小学校のあの忌《い》まわしい劣等感は薄れて、一番輝いていた時期であった。部活は音楽部、生徒会長をやったり、英語のスピーチをやらせられたり、いろいろと活動をしていた。

特に、英語のスピーチは良くやった。当時の担任は英語の教師でGHQの通訳もやったと言う。とにかく、教科書はクラウンリーダーとか言う英国の教科書で、その二、三ページを指定され、覚えてこいと言う。同級のイッチャンと一緒に裏山の墓の縁に腰掛けて覚えた。

先生には悪いが中身の内容はなにも判らない、いや教えてくれなかった。とにかく覚えるほかない。覚えたら先生の前で発表する。発音が訂正され、イントネーションを繰り返し直される。また、お墓に行き覚える。墓も迷惑だったであろう。人間は幾度も繰り返せば覚えるもので、内容は解らずとも覚えた。

覚えたころ四浦西中学校と臼杵《うすき》町立西中学校の英語スピーチ大会が開かれました。四浦西中学校は担任の英語の先生の前任校です。隣町の海に突き出た四浦半島の小さな漁村の中学校です。ところが、四浦の中学生がいやに巧《うま》いのである。特に女生徒の一人が抜群であった。付け焼き刃の私どもには及ぶところではない。

その女生徒の名前は山本美香（仮名）と言った。はっきりした眉毛《まゆげ》、ぱっちりした目、かわいい鼻、そして優しい唇。そんな元気な活発な女の子でした。私は上がってしまって、不出来であったことから、また劣等感に陥り、その女生徒に近づくこともできなかった。そのスピーチ大会は二度ほどありました。それでも山本美香さんとはまともに話せなかった。ただ憧れの目で見つめるほかはなかった。

ある日、白い封筒が居間の上がり端にあった。見ると私宛てである。裏を見ると差出人は山本美香と書いてある。私は夢かと疑った。天地が転倒したほど驚いた。と同時にうれしかった。「うあー、うあー」と叫びたいほどうれしかった。

急いで開けてみる。そこには二枚の便箋にくっきりと、しっかりと達筆で書いている。ペン字で上手《うま》いのである。大人の字だと思った。それでなくても下手で「おまえの字は読めん」とよく担任から言われていた私は再び劣等感に陥る。内容は半島の海の美しいこと、学校行事、中間テスト、進学のこと、後に万葉集の好きな歌二首を添えてある。人麻呂が好きと言う。

「これは、かなわん」完全な敗北である。私は私のこれまでの勉強不足が恥ずかしかった。何とかしなければこの人と付き合えない。どうしよう、どうしようと焦った。

返事を書くのに時間が要《い》った。初めて国語辞典、漢和辞典を真剣に使った。万葉集、古今集の古典や島崎藤村、萩原朔太郎《さくたろう》等の近代詩人の詩を初めて身を入れて読んだ。いずれも泥縄式では駄目であった。何枚も何枚も書き直した。これほど勉強したことはなかった。返事が出来上がったのは一ヵ月過ぎてであった。返事がすぐに来た。私の生涯の最良の至福の時代であった。それから、幾度文通したかは忘れたが、五、六回はしたと思う。

ある日、家に帰り玄関に入ると、上がり端で両親がお茶を飲みながら話している。そこに白い封筒と見慣れた便箋が開かれている。美香さんの手紙を見られたのだとすぐに解った。猛烈な怒りがこみ上げて来た。「なにしょるんな。人の手紙を見て。もう、知らん！」。素早く手紙を奪い取り「なんぼ、なんと言ったたってん許されん！」

すると、父が「まだ早ええ」と言う。その時の両親がそんなに怒ってはないと感じていた。しかし、私は大きな足音を立てて二階に上がった。悔しくて悔しくて涙が止まらない。

私と美香さんの夢のような幸せな聖地に、泥足で踏み込まれた気がして悔しかった。それから何日も親と口を利《き》かなかった。

しかし、心のどこかでホッと安心した。これで、家族という公開の場で美香さんと手紙のやり取りが公然とできる。そして、美香さんとの手紙の内容が開示され、両親に汚れの一点もない中学生の純粋な心の交流が解ったであろう。「お父さん、あなたたちと違うよ。私たちは和歌で心のやり取りをしている中学生なんで」と胸を張って言いたかった。

そのことを忘れかけた、夏の暑い日、「誰か来ているで」と母が私に言う。門口に出てみると白いブラウスに紺のスカートの女子が立っている。美香さんだった。

びっくりして「どうしたんな」としか言えなかった。

「祇園様のお祭りにきたの」

「そうか。今日は祇園様だったんだ」と気付き、着替えを待ってもらっている間に、美香さんは母の差し出した水を飲んだお礼を言っていた。

どこに行こうか迷った。生まれて初めてのデートである。まず、陣山という墓地に行き、海を眺めた。

「船で祭りに来たんで」

「船で！」

「鳩浦《はとうら》から何艘《なんそう》も来たんで」と言う。市街地に流れ込む川を眺めた。祭りににぎわう市街地を見た。でも、話は続かなかった。春山と言う丘に見える担任教師の家を指さして教えた。「行こうか」「行こう」と走って担任の教師の家に行った。昼飯を御馳走になり、祭りの行列を見て、氷を食べて、港の船まで送った。今、思い出してみても、現実の出来事とは思えない。あれは幻であったとしか思えない。

それから、高校に入り、美香さんとの文通はいつの間にか止んだ。会うこともなかった。しだいに忘れていった。その後のことは定かではない。大分市で結婚し元気に生活していると噂で聞く程度のことであった。その後、悲報を耳にした。山本美香さんは癌で亡くなったと言うことである。四十数歳であった。まだ、お墓参りも行っていない。冥福を祈るのみである。

両親はレター盗み見事件については一度も謝っていない。母は美香さんがはじめてわが家に来たとき、私が着替えているわずかの時間の交流の中で、美香さんに好意を持ったようである。父はそのことには触れず、知らぬ顔をしている。はじめは謝ってもらいたかったが、その思いもいつか消えた。しかし、その後幾度かの美香さんの手紙の来たことに、両親はなにも言わず階段の端に置いていた。

私の父親は時には強権的、高圧的な言動をとる。その上、行き過ぎたことでも決して謝らない。「子どもはこれで良い」「子どもはこうでなくてはいけない」と頑固に守る。下手に謝ると子どもは「つけあがる」と言いたそうであった。当時の子どもはそのことに慣れていたのか、反発しながら耐えていた。隙《すき》を見つけては新たな自由な生き方を見つけていた。それも止められると、じっと我慢し、また規制の緩《ゆる》んだ隙を見て、自由の天地に飛び出した。その家の父親の規制や圧力を耐え忍び切れない子どもが、社会の規制や圧力に耐えることはできるはずがないのです。その父の圧力が子どもに力を与え、確かな、有能で信頼できる大人を創り出すのです。母親は父親の意志のありかを悟り、常に共同行動を取らないと失敗する。たいがい、自己中心で我が儘な子どもの家庭は、お母さんの主張が強く、父性の教育をしようとしている父親の妨害をしていることが多いのです。

夫唱婦随は古い封建的な教えではない。今こそ蘇《よみがえ》らせなくてはならない家庭の教えであります。

父性と支える母

父は平凡な父親であるが戦時中とはいえ、私に夢を描かせ、理想を語ってくれました。また、身を削るような労働の姿で現実を見せてくれたし、時折りの厳しい叱正により善悪の感覚や秩序性を植え付けてくれました。その父を尊敬していた母は、いつも子どもたちに父の教えを咀嚼《そしやく》し、繰り返し伝えてくれたのです。私たち兄弟は、その母を見て育ちました。父性は父母の共通の価値観と母の支えがあって、はじめて有効に働くものであると、私の父母を見て思うのです。

大丈夫父さんはここで待っているから

父は私のことを、小学校、高等小学校、新制中学校、高校と、じっと待っていたと思います。戦中の六年、戦後の四年間、劣等生と落第生の私をどんな思いで待ったのでしょうか。どれほど今にも消えそうな希望を繋《つな》ぎ止めながら待っていたことでしょう。そう思うと、涙が出そうな私でした。不登校生の親御さんに会うたび「信じて、任せて、待つ」のですよ、と言いながら、待つことの難しさ、大切さを考えていた時、一冊の本に巡《めぐ》り会いました。その本は、親業訓練協会刊行の『教師学—心の絆《きずな》をつくる教育』（教師のための人間関係講座）親業訓練協会理事長近藤千恵先生の著書でした。その本の十九頁に「『待ち』の教育を忘れていないか」の章に黒坂正文さんの詩が出ていました。その詩に出会った時、「あぁ、これだ」と震えるような感動を覚えました。その詩を紹介します。

待っているから

黒坂正文

心みたされるまで
花と話してくるがいい
大丈夫父さんはここで待っているから
まぶたがつらくなるまで
星を数えてくるがいい
大丈夫父さんはここで待っているから

今君にしてやれること
父さんには何もない
ただひとつだけ
君を待っていよう
そんなに急がなくても
走らなくてもいい
大丈夫父さんはここで待っているから
君には君の歩き方
生き方があるはずだ
大丈夫父さんはここで待っているから
今君にしてやれること
父さんには何もない
ただひとつだけ
君を待っていよう

この詩を読んだとき、何という高尚な愛だろう、何という大きな愛だろうと感動しました。これこそ父の愛であり、「神の愛」であると気づきました。この全抱擁的《ほうようてき》な大らかな父親の子に対する愛に、神と人間のつながりを見た思いがしました。

神は全ての全てであり、全知全能であり、無限であればこそ、われら人間に本然の自由を与え、神の子を自覚させ、神の自己実現を完成することを、エデンの楽園追放以来、じっと待って下さっているのです。神はわが子を神の子としてその完全円満さと無限力を信じ、任せ、待って下さっているのです。これこそ「神の愛」であり、父の愛です。

現象に囚われず本質を見抜く父の愛

現代、人間は唯物論の迷妄に囚われ、人類の迷いの現れの世界である地上世界に激しく振り回されています。そこには不安と焦燥が渦巻いています。

そんな影の世界に埋没している人には「心みたされるまで花と話してくるがいい」「大丈夫父さんはここで待っているから」と言える、余裕のある穏やかな想いは起こらないでしょう。

「今君にしてやれること父さんには何もない」という「愛深き冷淡」「峻厳なる愛」の根

っここには、「君は出来る、ひとりで出来る。神の子だから、必ずそれだけの力は内にある！」という信念があるから言えるのです。また「神の子は神が育てる」という教育の根本真理を知り、大安心の境地に入ることのできた人であるからこそ言えた言葉であります。生命は本来「自由」の中に本領を発揮し、無限に伸びることができます。従って、子どもの無限の知恵を信じ、褒《ほ》め、心に観じ、ある程度までは手を引き、後は「放つ」ことが必要です。自由に解放した後は「待つ」ことが、この現象世界では必要なのです。この「信じて、待つ」と言う厳しい愛の行為こそ、父性の教育の大切な一面であります。

無駄なことは何もなかった

甘美な布団の温もり

私は幼稚園に行っていません。兄は行っている。何故行っていないのか聞いて見ると病気をしたという。腎臓病（ネフローゼ）に罹《かか》ったという。五、六歳当時のことはほとんど覚えていません。しかし、寝ながら、楕円の手鏡に写した自分の顔が、鏡からはみ出て顔の輪郭《りんかく》が写らない様子を覚えているような気がする。相当にむくんでいたのでしょう。

兄や祖母、叔父叔母《おじおば》がよく話してくれた私の看護の話はよく聞きました。祖父母、両親が薬を必死に探したという。蟷螂《かまきり》の卵、冬の西瓜《すいか》等、効くという薬草を県外まで探したという。そして、小学校に入学する頃には治って元気になっていました。

しかし、私は弱虫になっていました。よく風邪を引いて、いつも咳《せき》をしていた。母や祖母は病気の再発を心配し寝かしつける。滋養を取らせるために卵を食べさせる。当時、卵は売るもので、家人の口にはめったに入らないものでした。兄がうらやましがっていた。

ばあちゃんがキンカンの甘煮をつくり「お前だけだよ」といって食べさせてくれる。この特別な扱いに甘える子どもになってしまっていた。だから、おなかが痛い、咳が出る、こんなことは、しょっちゅうあったようです。ちょっと気に入らないことや、悔しいことがあると、仮病《けびょう》を使って、病人の特権を発揮し、特別扱いを求め、温かい布団の中の安楽を楽しんでいたと思われます。このことは小学校中学年まで続く。

寝小便のつねちゃん

一番元気に遊び回る五、六歳頃、親の手厚い庇護《ひご》の下に育った私は、弱虫で泣きべそで、男の子と遊ぶよりは女の子と遊んでいました。

昭和十五年四月小学校入学。三月生まれの私は、席は一番前。幼稚園に行っていないし、ハードな遊びに耐えられない私は、いつもおどおどしていました。それに加えてひどい夜尿症に罹《かか》っていた。それこそひどいもので、夜中に一度して、夜明けにもう一度やる。夜中に起こしていた母親も毎晩のことになると世話をしきれず、あきらめた。

夜具の始末を自分ですること、パンツをはき替えることをしょっちゅう言われた。何と言っても一番つらいことは、毎朝の母の嘆きの言葉であった。「ああ、俺は駄目だ！　俺みたいなものはおらん」と身を縮めていた。この思いが小学校五年まで続きました。

あまり毎日になると、パンツの洗濯も間に合わない。時には、濡れたままズボンをはき学校に行く。はじめは気持ちが悪いが、一時間目ごろには乾く。しかし、そのころが一番匂《にお》うのである。「くせー、くせー」と言われ、指さされたときには身の置き所がない。べそをかきながら体育倉庫に逃げて小さくなっていた。四時間目には体操がある。腹が痛いと嘘をつき見学する。パンツに褐色の地図が描かれているからである。ポプラの木の下で一人立っている。「ああ、体操している同級生たちの世界は僕と違う空間に生きている人だ」と思っていた。

その上、夏に三日泳ぐと必ず中耳炎を起こした。ほとんど年の暮れまで耳鼻科に通う。小便臭さに耳だれの匂い、友達は寄ってこない。いや、私のほうから逃げていた。当時の小学生の普段の遊び「兵隊ゴッコ」では、中国の兵隊のやられ役にされていました。しかし、このことにも病気の特権を使っていた。

耳だれがひどくて、朝の内に診察を受けていました。だから、朝の一、二時間目は授業を受けられなかった。公然と授業を受けずに済んだ。ところが大抵その時間が国語と算数であった。だから基礎学力がつくはずがなかったのです。

劣等生で生きる

近所の友達に裕ちゃん（仮名）と精ちゃん（仮名）がいました。裕ちゃんは草野球の名手、精ちゃんは後ろでこ前でこの頭の持ち主で、私と同様「いじめられっ子」で気が合っていました。

通信簿をもらうとき、担任のあきらめ顔の注意に肩を落として帰る三人が、お宮に着いたとき、裕ちゃんが「お前『良』がいくつあったか」と聞く。精ちゃんが「裕ちゃん、お前いくつあったんか」聞き返す。裕ちゃん「四つ」と答える。裕ちゃんにも「優」はないことは二人とも分かっている。精ちゃんが「おれも四つ」と言う。私は焦った。私は三つしか無いのだ。二人が私の顔を見て「つねちゃんは」と聞いたとき、思わず「四つ」と言ってしまった。それは、今日、最初に通信簿を見るとき、数え間違いをしたからであった。はじめ数えたとき「良」は確かに四つ数えた。しかし、それは健康欄の栄養状態「良」も入れて数えたからでした。

算数の時間は別世界、先生は私を無視。国語は私を飛ばして朗読させる。体育は見学。習字図画は一度も褒《ほ》められたことも、貼り出されたことも無い。音楽は好きだった。一所懸命に歌った。運動会がこの世から消えて無くなってしまったらどんなによいかといつも思っていた。当時、お国のために身を捧げ、国を守る皇国小学生としては最低の劣等生でした。

旧制中学受験に落ちる

昭和二十一年三月に悪夢の小学校を卒業しました。しかし、私に与えられた試練は続く。旧制中学を受験することになったのです。

「お前が受けるのか」と教頭先生の顔が忘れられない。受けても通らないことは周囲のみんなが分かっていた。何で受けたか分からない。親父の教育熱心による強い要請にしぶしぶ受けたのであろう。それは、兄が臼杵中学に通り、叔父が商業学校に入学しているからであろう。

口頭試問で父親の年齢が答えられず絶望しているシーンを今でも悪夢として見る。当然、落ちた。母は嘆いた。父は難しい顔をして何も言わなかった。私は父に近づかなかった。じいさんが「つね、馬車ひきになれ。儲かるぞ」と言って慰めてくれた。

私は高等小学校に通った。そこには、いつも学校で虐《しいた》げられていたおなじみが顔を揃えていた。私はあきらめた気持ちで無気力な毎日を送っていました。

本堂先生と出会う

「佐野、ちょっと来い。歌ってみよ」と言って、音楽主任で担任の本堂先生が私をオルガンの前に引っ張って行く。気の弱い私はおどおどしながら「冬の星座」を歌った。もっと腹から声を出せと注意を受けながら一番を歌ってしまった。

「佐野、お前は歌が上手いぞ。歌がうまいのは頭がいい証拠だ」と言った。私は耳を疑った。「嘘を言え」とも言いたかった。しかし、学校のことで先生から褒められるという前代未聞の出来事で、しばらくは呆然となっていた。「頭がいい証拠だ」と言う聞き捨てならない言葉が頭の芯《しん》に響いていた。これまで、「学校で一番頭が悪い」と言う思いで押さえ付けられていた鉄仮面にひびが入り軽くなったような気がした。

ある日の放課後、本堂先生が「佐野、お前は足し算は分かるか」という。

「うん、まあ」

「引き算は」

「うん、まあ」と答える。掛け算と割り算を聞かれたときには頭をひねった。実は「九九の声」が覚束無《おぼつかな》かった。9×8になると誤答率は今でも高い。少数、分数になると掛け算、割り算は全く分からなかった。

幾つか計算をさせられた後、

「よし、それだけ出来れば大丈夫、代数を教えちゃる」

と言って、$2X+3=X-1$といきなり問題を出した。

「いいか、＝（イコール）とは左項と右項の真ん中にあって、丁度『ぎったんばったん』（シーソーのこと）の真ん中の支柱だ。今、同じ体重の人が乗って釣り合っていることを表しているのだ。いいか、Xの付いているものを左に寄せ、付いていない数を右に寄せるのだ。そのためには……」と実に分かりやすく教えてくれた。一度には分からなかった。二、三回教えられて分かった。いろいろ考えずに言われた通りにすれば出来るのだと分かった。すると先生は一冊の問題集をくれた。うれしかった。帰るとすぐに取り掛かる。出来るところまで、その日の内にやり上げた。

「お母さん、火鉢に固炭《かたずみ》を埋めちょって。午前三時に起きてするけん」と、早起きして勉強をした。代数が面白くてたまらなかった。両親は目を見張った。「佐野、お前はやれば出来る。自信をもて。歌が上手い者は、リズム感がある。だから、英語が出来るはずだ」と言って、基礎英語を習った。私は、勉強ということ

を初めて知った。面白いと思った。私の学校生活は一八〇度変わった。

タンスの上のキンダーブック

大家族で小作農のわが家は貧しかった。小学校時代、アウトドアの嫌いな私は寝転んで本を見ていた。それは「家の光」という農村向けの月刊雑誌であった。読むと言うより見ていた。時には、厚い雑誌のキングは中程の赤いページを興味深く見ていた。便所も長かった。落とし紙の雑誌の残りを見るからだった。しかし、見ているといつの間にか読んでいる。だから、朗読は出来ないが本は好きだった。しかし、幼児向け、青少年向けの本は本屋で立ち読みする外はなかった。

わが家の前隣りに同級生の浩子さんがいた。学校の先生のお嬢さんだ。貧農のわが家と生活が違っていた。着るものが違う。お菓子が違う。食事が違う。第一、厚い絵本をいっぱい持っている。

小学生のある日、浩子さんから強引に本を貸してもらった。浩子さんに「返えしてよ」と念を押された。「うん」と言って、走って帰った。それから、毎日毎日、見た。表紙から三ページに武将の絵がある。八幡太郎義家が白馬の上で扇を高く差し上げている。その背後には爛漫《らんまん》と咲く山桜があった。この豪華で美しい絵画から目が離せなかった。もう、この本は返えせなかった。奥座敷のタンスの上に隠した。浩子さんが「返えしてよ」と言っても「のうなった（なくなった）」と言って、返えさなかった。新築した今の家だのに、まだ奥座敷のタンスの上にあの本があると、今でも思っているところがある。

中学に入ったころ、復員してきた叔父《おじ》の部屋にあるカストリ雑誌や、「朝日カメラ」の写真集をむさぼるように見た。どうしたことか、「小説新潮」があった。読みあさった。松本清張の小説を単行本になる前にいくつも読んだ。山本周五郎の小説もそうだ。あれっ、これは読んだことがあると思って調べて見ると、戦時中キングに書いたもので、いつか読んでいたのであった。肉体小説、冒険小説、何でも読んだのが中学時代でした。

新制中学校一年からやり直し

昭和二十二年、新制中学校ができました。私の地域に臼杵町立西中学校ができた。高等小学校二年となる私は東中学校二年になるはずであったが、私は父に相談して地域の新設中学の一年に繰り下げ入学をしました。一年下の学年と一緒になったのです。

本堂先生のご指導で、勉強の面白さを知り、猛烈に勉強をした。学年で三番の成績を取り、初めて優等賞を貰った。生徒会長になり、あの忌《い》まわしいと思っていた運動会の主役を演じたこともあった。

中学三年の頃であったと思う、二階の物置の隅にミカン箱があり、その中に厚い本があった。それは『生命の實相』であった。父が持っていた本である。訳が分からないながら読んだ。第四巻（頭注版七巻）を読んだ。少し分かった。この本、何か凄いものがあると思った。それから生涯この本から別れることができなくなったのである。

その後、高校、大学と進む。そして、教師になる。小学校六年の担任が信じられないような顔で幾度も尋ね返した。教師としては実力があるわけではない。人一倍の努力が必要な教師だった。

劣等感を何でも拒まないことで乗り切った。研究授業は一番にした。みんなが嫌がる役を引き受けた。組合の書記長にもなった。その内、生長の家の教育を知った。教育相談に力を入れた。退職後、家庭相談員や保護司にもなった。周りには不幸な子が集まった。小学校の苦しい体験が役にたっている。神から与えられた使命を全うするための無くてはならない体験だったのである。

これまでの人生何一つ無駄なものはなかったと、今つくづく思っています。

三人の子の親父として

私には三人の子どもがいます。男、女、男です。長男隆夫は昭和三十八年、長女陽子は四十一年、次男秀明は四十三年に生まれた。

この三人の子どもを育てるのに何か理想や理念があったのかと聞かれると困る。そのころは子育てのことを考える暇がなかった。可愛かったが、こんな人間に育てようとか、このことだけは言い続けて育てようなどは思う暇がなかった。ただ、目の前に津波のように襲いかかってくる仕事をこなすことで精一杯であった。しかし、一つだけ気になることがあった。それは、学校の先生だから妙な問題を持つ子どもは作ってはならないと思っていた。しかし、そのこともいつも忘れていた。

この子らが幼児期のころ、私は大分県教組臼津支部の書記長をやっていた。組合専従をして、スト権確立、勤評闘争などの先頭に立ってやっていた。更に公害闘争など国、県、市を相手に闘争の連続であった。選挙になると何日も家に帰れなかった。

たまに帰った時は、家中の襖《ふすま》を取り外し、寝布団を全ての部屋に敷いて、三人の子どもと大暴れに暴れた。そんな程度のことしかしていない。たまに、外に連れ出したこともあったと思う。遠出の旅行は三回程度で、阿蘇山に行ったことを三人寄ると今でも楽しそうに話している。もっと、あっちこっちに連れて行けば良かったといま思っている。妻に、子育ては任せていたのが本当である。

たまに、早く家に帰る。夕方テレビで「宇宙戦艦ヤマト」が始まる。上二人が小学生、次男が幼稚園の頃である。「みんな、始まるぞ」と呼ぶと二階から降りてくる。長男が左に坐る、長女が右、次男は私の胡座《あぐら》の中、お母さんは台所で炊事をしている。「イスカンダルには、いつ行き着くんだろなあ。船長は大丈夫かなあ」等と話の筋を追いながら「地球は助かるのかな」とみんなで心配する。子どもたちはくいいるように画面を見ている。

終わると次男が「父ちゃん、地球帰れるん」と聞く。長男が「バカ、帰れる。きまっちょる」と言う。私は「ああ、面白かった。さてっ」といかにも用事があるようにその場に立ちあがる。子どももそれぞれ散ってしまう。アニメ「アルプスの少女ハイジ」も「フランダースの犬」もこうして見た。わが家の子どもたちはテレビにこだわりがない。適当に好きな番組を見ている。妻が「お父さんが一番テレビの見過ぎよ」とよく言われた。

普通がありがたい

正直に言うと、学校の先生の子だから少しは勉強ができないとめんどうしい（恥ずかしい）と言う気持ちはあった。だからといって勉強を強制したことはない。特に娘には一度も強制の言葉はかけなかった。それは、私の小学校時代の劣等生の最低の成績からみると、どの子も良かった。「おっ、俺よりよっぽどいいな」と。自分の小学校時代から比べると、世間の評価は分からないが、心配ないと思ってしまうのである。

ある日、次男の秀明が「兄ちゃん、イオンてなんな」と聞いている。さっきから中学生の理科辞典の化学編を見ていたのだが、よほど興味を持ったらしい。長男の隆夫が何か答えている。私は嬉しくなって「お母さん、化学じゃ俺たちは、もう秀にはかなわないぞ、大した質問をしよる」と兄弟に聞こえる声で言う。妻が「そう、秀は理科が好きじゃけんなあ」と応ずる。秀明は聞こえない振りをして、相変わらず辞典を見ている。今は長崎大学の工学部材料工学科の助手をしている。

兄の隆夫は世話好きで何でもこなす。学校の勉強はしない。中三の文化祭でエレキバンドを組んで演奏する。高校入試も迫っているのにギターを離さない。年の暮れのある日、隆夫を呼んで話す。「お前、高校には行かんのか」と聞く。「行く」と言う。「これからじゃ、間にあわんぞ。それより、ギターが好きだったら、ギターの専門学校に行ったらどうか。やるんだったら、本格的な東京の学校に行け。古典からやるんだ」と私も本気で言った。「考える」と言って部屋に入る。数日が過ぎて隆夫は「お母さん、これ預かって」とギターを差し出す。見ると弦に紐《ひも》を結び封をしていた。年が明けて初めて受験勉強に取り組む、町の高校の普通科にやっと滑り込んだ。今は、地方の各種イベントプロデュースをする会社の営業課長をしている。

長女陽子は兄弟の中で、小、中、高校を通して一番成績が良い。「良い」と言っても私の目からであって世間の評価からの良いとは違う。まじめである。放っておいても世話はないといつでも思っていた。しかし、頭の振り子は速くはない。マイペースである。兄弟で一番速いのは秀明で、次は隆夫である。しかし、男兄弟はミスが多い。陽子は着実である。中学時代はバレー部であった。背が低くセッターを務める。運動能力の不足を努力で補うタイプである。大学卒業後、生命保険会社に入社するが同僚と縁を得て今は東京で専業主婦をして二人の子どもを育てている。

子どもが大学に入っていた頃、みんな揃ったある日の夕食時、私は妻に「お母さん、わが家のご祖先はいい子を三人も授けてくれて、ありがたいなあ。三人とも臼杵高校進学コースに通う子どもを授かって。これは、当たり前のことではないんだ。私のクラスでも三分の一の生徒は希望通りは進学出来ないんだ。良かったなあ」と言った。これは嘘でも、おだてでもなかった。二回も落第した私にとって、当たり前のことがことのほか嬉しかった。妻は「そうよ！　みんな出来過ぎよ」と言った。子どもは黙って夕食を食べていた。しかし、嬉しそうだった。

辛抱、辛抱の生活

昭和五十二年秋、古い家を壊し新築した。親戚や兄弟は反対した。資金ゼロから出発した。「お前、子どもを大学にやるんだろう、困るぞ」と叔父は忠告をしてくれた。これからわが家の辛抱生活が始まる。「大学に行くのなら、皆国立大学だぞ」と宣言した。

長男は大分大学工学部に入学する。長女は大分大学教育学部の家庭科に合格。しかし、なぜか分からなかった。長男とダブることに気を遣《つか》ったのだろう。陽子はアルバイトをしてどうしても行かないと言う。ついでに受けた福岡の私立の短大英文科でよいと聞かない。て大学生活をした。奨学金は私が高額所得とランクされ貰えなかった。ローン支払いで生活は楽ではなかった。たばこ銭も時には困った。妻の着ているものはいつも同じものであった。子どもにも辛抱させた。しかし、子どもは萎縮《いしゅく》していた。親の生活苦の現実を見せ、辛抱させることが良いと思っていたが問題があった。秀明が「お父さん、お父さんの年間所得はこれだけあるのに、どうして苦しいの」と聞いた。私は、妻に給料明細書、家計簿、ローン契約書を持ってこさせ、生活の現状を説明した。その後、秀明は何も言わなかった。長男がアルバイトのために大学を中退し、陽子が四年制を断念したのもそこにあったと思われる。

辛抱、辛抱の言葉だけでは明かるい希望と力強さがなかった。次男の秀明が長崎大学に入った。私は思いを変え、妻に言った。これからは子どもに学費や生活費を送ったり、渡したりするときには、「辛抱せよ」とか「大事に使え」と恩を着せる言葉は決して言わないこと。「必要なときには遠慮なく請求しなさい。お前が使ってくれることが嬉しいのだ」ぐらいは言って、ニコニコして渡せ。経済苦は一切言葉に出すな。妻は、真意を分かってくれ私の提案を受け入れた。そして、実行した。秀明が大学院を出るまで続けた。しかし、秀明は分かっていた。無駄な請求はなくなった。

ある年の「母の日」に長崎の秀明から花束が届いた。メッセージの末尾に親の知らない女性の名前が書いてあり、続けて「金が不足したので借りた友達です」と書いてあった。

妻は涙を拭いていた。その後、金を借りた彼女を嫁として迎えることとなった。

秀明が大学院を卒業し、研究室に入ると決まったとき、妻と二人で長崎に初めて訪れた。そのとき、秀明も苦しいだろうと金を包んで準備していた。帰郷の前日妻が渡したとき、秀明は喜んで受け取った。次の日、駅のホームまでカバンを運んでくれた秀明と別れた。駅を離れた列車の中で妻が泣いている。どうしたのか聞くと、妻はカバンを開いて見せる。中には渡したはずのこちらの祝い金袋と、別に封筒が入っている。別の封筒の中には七万円入っていた。そして、一言「ありがとう」と書いてある。その時の秀明の返礼金として最高の金額であったのだろう。その後ボーナスの後には送金があった。高額ではない。その時その時により金額は違うのである。結婚した後は奥さんの実家にも送っていたという。その送金は七年続いた。妻を驚かせ、よく嬉し泣きさせる子である。

親は満足！　満足である

その子の持つ才能を、その時完全に引き出させる最高学府の場を与え、現在の職場に発揮させたかと聞かれると、親として恥じ入るところがある。しかし、その時のわが家の経済や諸条件の中で父としての私のアドバイスを受け、子どもらが自ら選んだ道である。長男は大学を中退し、イベントデザイナー小会社の営業マンとして、この不景気の中、会社の存続の為に死力を尽くしている。長女はこの時期、夫の保険会社が合併の中で不安を抱えながら、二人の子の子育てに頑張っている。次男は長崎大学の工学部の文部教官として、研究に没頭し、博士号と次なる飛躍の為に頑張っている。

わが家の三人の子はそれぞれ働きの場を得て良く働く。教職員の私が午後七時か八時に帰っていたが、三人とも午後十時前に帰ることはない。今の労働環境の苛酷《かこく》さにおどろいている。次男秀明の場合は、午後八時に一旦家に帰り、夕食を取り子どもを風呂に入れ、また大学に帰り仕事をしていると言う。帰宅して寝るのは午前二時と言う。その事態に文句ひとつ言わず三人とも働いている。「家《うち》ん子は、よう働くのう」と妻と顔を見合わせて感心することがしばしばあった。

一流の大学に入り、一流の大学や企業に就職したわけではない。まあ、能力に合ったところで働いている。また、三人とも、喜んで働いている。私は三人ともどんなに苛酷な不景気でも、それを必ず克服するであろうと思っている。それでいい！　それでいい！　と思っている。三人とも子どもが二人できた。孫、六人である。これでよい。父親は大満足である。

中学生に語る「愛の講座」

「違い」が生み出す新しい価値

学年長の講話

昭和六十二年、私は市内のK中学校に赴任《ふにん》しました。その頃一年生の学年長として多忙な日々を送っていました。二学期の初め、校長が学年長を集めて、これから全校集会では各学年長が話をするようにとの指示がありました。

突然のことで各学年長は困った事になったと思ったのですが、私は良きチャンス到来と思い直しました。ここから全校集会と道徳授業での「佐野先生の愛の講座」が始まりました。全学年生徒を前にして三人の学年長が交替で三週間に一回話すのです。四、五回は話す機会がありました。尚、この章に出てくる氏名は全て仮名です。

第一講話　森の中で何が！

（準備した用具）

男女各二体と赤ん坊の人形（ヘラ状の竹を組み合わせ厚紙の人形を貼り付けたもの）

森林の絵を描いた厚めの模造紙

ピンクの布テープと自分のネクタイ、黒板、白墨

（助手）生徒会長、副会長。生徒会長と副会長に森を描いた模造紙を持たせ、その横から話す。

☆全校生徒何だろうとざわつく。

「今日は、森の中で何があったのかについて、楽しい話をします」

「ある日、森に人が居ました」

☆男の人形を見せながら

「男の人でした。森の中に入りました。あれっ、もう一人男が来ました。その男も森に入りました」

☆模造紙の森の裏に二人の男の人形を隠す。

「二人の男が森に入りました。二人は何をしているのでしょうか」
☆間をおいて
「出てきました。出てきたのは男と男でした」
☆ざわつく。
☆女の子の人形二体持って、
「女と女がいました。二人は森に入りました。何をしているのでしょう。しばらくして森から出てきました。やっぱり女と女でした」
☆期待外れの声。三年生たちは次のシーンは気づいたようで、にやにや笑っている。
「男と女がいました。二人は森に入りました」
☆しばらく間を置き
「一体何をしているのでしょう。あっ、出てきました。男と女と、あれっ！……赤ん坊を連れて出てきました」
☆「ワッ」と一斉に声を上げ、拍手。
「皆さん、森の中でこの男と、女の人は一体何をしたのでしょう……」
☆一瞬静まる、次の瞬間、どよめきと笑い声があちらこちらに起こる。

☆聴衆、やや静まる。

「同じ男と男、同じ女と女が森の中にいても何もなかったのに、男と女が森に入ると新しい生命を生み出しましたね。一体何があったのでしょう」

「不思議ですね、同じ人間でも男と女とが、何かをすると、今までになかった赤ちゃんを生み出しましたね」

「この男と女という違いが新しい人の命を生み出したのです。それがこの赤ん坊ですね」

☆みんな笑って頷く。

「この男女の違いが大切なんだよ。この性の違いが新しいものを作り出すのですよ」

☆強調する。

「このことは人間だけのことではないのです。天地自然の中にはどこでも必ずこの違いがあるのです。それを古代の人は『陰（マイナス）・陽（プラス）』と言ったのです」

☆一本の包装用のテープを取り出し

「ここに一本のテープがあります。このようなテープには必ず左の端（陽）と右の端（陰）があります。このテープも左と右の端が、こうやって仲良く寄り添い、絡《から》み付き、結ばれると、ほら、こんなに美しい蝶結《ちょうむす》びができました」

☆結んで見せる。自分のネクタイを解いて、

「私のこのネクタイも一本の布、真っすぐな部分に派手な太い部分をからみつかせて結ぶとこんなに綺麗《きれい》にネクタイが結ばれます」

☆ネクタイを結んでみせる。

「この体育館の電気の光も『高いと低い』の違いがエネルギーを作ってできたものですね。『甘いと辛い』味があって『いい味』ができるのですよ」

「『寒いと暑い』があるので『涼しい』という適温があるのですね」

「このようなプラスとマイナスの働きによってできるできごとが、この世界にたくさんあるのですよ。探してみて下さい」

「こうして、プラス（陽）とマイナス（陰）が働き合うと新しい価値が生みだされるようになっているのが宇宙の根本設計なのです」

☆生徒達、静かになる。

「ところで、君たちのクラスはどうですか。『男の人と女の人』『背の高い人と低い人』『元気な人とおとなしい人』『走りの速い人と遅い人』『勉強好きな人と嫌いな人』『せかせかしている人とのんびりしている人』『芸術肌の人と理数系の人』『明るい人と暗い人』な

など、いろいろな人がいてみんな、違うでしょう」

「それが素晴らしいのです。みんなが同じようなベッピンで、ハンサムで、東大級の同等の能力を持ち、みんな同じ模範生の学級では面白くも、おかしくもなく、そこには新しい価値あるものを生み出すことはできないのです」

「みんな違う友達が、お互いの善いところを認め合い、大切にし、一つの目標に向かって持っている違った力を合わせるとき、これまでにない、新しい素晴らしい学級ができるのです」

「K中学校の全学級みんながそれぞれの個性を活かし、頑張り、世界でただ一つの素晴らしい学級を作って下さい」

「次回は『森の中で、男女は何をしたのか』という題で話します。どうぞご期待下さい」

全校生徒から大きな拍手をもって、終りました。

人形を作ってくれた新任の女教師は、

「先生が何を話すのかとハラハラして聞いていましたが、良かった」

と言いました。また、ベテランの先輩教師は、

「佐野先生調の道徳教育だね」

と言ってくれました。

この全校集会の後、二・三年の生徒は私の顔を見てこれまでにない親しげなあいさつをしたり、女子はクスクスッと笑って逃げたりと、全校生徒がぐっと接近したようでした。

生命を尊重する心が男女交際の基本（第二回全校集会）

（場所）全校集会体育館

（準備した物）・黒板・折られた菊の蕾《つぼみ》

「先日この場での私の話は男子と女子が森の中に入って出てきたら、赤ちゃんと一緒に出てきたという話でしたね」

「森の中で一体何があったのでしょう」

「もう、皆さんは分かりますね。森の中であったことを何と言いますか」

☆生徒のざわめき高まる。

「そんなこと、なかなか言えませんね」

☆黒板に向かい書きながら

「一般に、英語ではSEXと本や辞書にものっています。日本語では性交と言いますね」

☆生徒達、緊張が解《と》けてニコニコしている。

「これは、男性と女性とが交わることですね。今日は男女が交際するとき大切な心について話します」

「『性交』の『性』という字をよく見て下さい」

☆「性」と大きく黒板に書く。

「『性』という字はリッシンベンに『生れる』という字が組み合わされてできていますね。リッシンベンは『心』という字を変化させた偏で『こころ』の意味があります」

「だから『性』という字の意味は、大ざっぱに言うと『生まれつきの心』と言えます」

「男性と女性の『性』は『男性の生まれつきの心』『女性の生まれつきの心』の違いを表しているのです」

☆生徒達、神妙に聞く。

「その『生まれつきの心』の違いは身体に表れます。特に三年生の諸君になると男女の差がはっきりと現れていますね」

☆生徒会長を見ながら

「生徒会長の藤野君も背が伸びました。喉仏《のどぼとけ》も大きくなり、よく見ると髭《ひげ》が濃くなっていいます。肩幅が広くなり、腕、足の筋肉もたくましく強くなっています。声も声変わりが終わって大人の声になりました。これが男性の生まれつき持っている心が姿として現れたのです」

☆生徒会長は照れているが、ニコニコしている。

☆生徒達、騒ぐ。

☆笑いを制止しながら

「副会長の宮崎さんを代表とする三年生の女子諸君はまず、胸が大きくなりましたね。そして、お尻まわりが丸くなりました。身体全体が柔らかく、ふくよかになりましたね。声も、潤《うるお》いのある綺麗《きれい》な声となりました。これが女性の生まれつき持っている心の表現なのです。

☆生徒はヤンヤと騒ぐ。腕組みをして黙って聞いている男性教師一人を除いて、先生方みんなニコニコ笑っている。宮崎副会長、苦笑しながらしっかりとしている。

「この男性と女性の心の違いは大宇宙の全てをお創りになったサムシング・グレート

(何かわからないけれど、偉大なる者)の心、即ち『神様』のおはからいで創られたのです。その心が姿として表れて特徴の違う身体《からだ》となっているのです」

「男性は家族を養うために、外界《そと》に出て狩りをし、自然を開拓し、穀物を植え、食糧を貯蔵し、外敵と戦い、仲間と平和を保つことが役割です。そのため、強く、たくましく、積極的な心が男性のもちまえの心です」

☆騒ぎ一段と高まり、拍手続く。

☆騒ぎを鎮めて

「女性は子どもを産み、育てるため、優しく、こまやかで、暖かく、滑らかで、全てを大きく受け入れ、はぐくみ育てる心が女性の本来の心なのです」

「このような男女の性質が心と体に十分に充たされた時、お互いが魅力的な男性、女性として完成するのです。君たちもあと何年かすると立派な男性、女性に完成します」

「そして、この魅力的な、立派な男性と女性はいつか魅せられ、恋をし、結び合い、この上ない喜びの中に、新しい生命を生み出すことができるのです」

☆歓声と拍手。

「しかし、ちょっと待ってください。未成年の君達に男女交際について言っておくことがあります」

☆折られてしまった菊の蕾《つぼみ》のついた茎を皆に見せながら

「見てください。これは校舎の花壇に植えている菊の蕾《つぼみ》です。この蕾は大きくなってあと二、三日もすると花弁が出そうです」

「このような蕾が四、五本無残にも折られているのです。やっと菊が咲く前までに育った菊を、心ない生徒の誰かが折ってしまったのです」

「このものを言えない菊の命を平然と奪い取る、そんな冷たい思いやりのない心の持ち主は男女交際をする資格のない人です」

「最近よく見かける本校の男女の風景ですが、男子が女子に怒鳴《どな》りつけ、大声の威力を借りて、相手を黙らせる。女子は相手の男子を必要以上に批判し、追求し、黙らせる。このようなことがクラスにありませんか」

☆生徒一同シーンとなる。

「このような男子、女子は男女交際をするにはあまりにも未熟としかいえませんし、まだ早すぎます」

「君たちが立派な男性、女性になるためには次のことを心掛けなければなりません」

「男女、お互いの特性を認め、喜び合う心の豊かな人間にならねばなりません」

「特に、身も心も繊細《せんさい》である女性を守り、いたわる男子になってもらいたい」

「女子は男子の身体と心が急速に成長する時、時折起こる、乱暴な言葉や行いも大きく包み込み、許すことのできる女子になってもらいたいね」

「男女の交際は、人間としてお互いに持っている違いを認め、尊敬することから始まるのです。それは、君たち、男子と女子がお互いに、立派な男性、女性として生長する生命を喜び、尊び、大切にすることであります。それが男女交際の基本となります。どうぞ、そのことを忘れないで下さい、これで今日の話は終わります」

☆生徒達、静かに聞く。

性の結びつきは「神聖行事」(第三回全体集会)

☆写真を見せながら指名する。

「これは何ですか」

「犬です」

「そうです。犬です。よく分かりました」

「これは？」

「猫です」

「そうです。よく分かりました。偉い！」
☆全員爆笑。
「これは？」

「チューリップです」

「そうです。これは『バラ』でなく、まさにチューリップです」
☆「そのとおり」と野次が飛ぶ。
「これは何ですか」

「人間です」

「そうです、この動物は人間そのものです」
☆笑い。
「これは何ですか」

「人間の女性です」

「すると、これは?」

「それは、男です」

「そうです、人間の男性ですね」

「これから難しい話になります。分かるかなあ。よく聞いて下さい」

「『犬』と言えば犬の姿を想像しますね」

「『猫』と言えば猫の姿を心に描くことができます。『猫』と言うと、どうしても雌猫《めすねこ》だけを心に描いてしまう人がおりますか」
☆前のほうで笑いながら「そんな人おらんわ」と言う。
「『人間』と言えば男女に関係なく『人間』の姿を思い出しますね」

「ところが、この地球上の動物や人間は必ず二つに分かれていますね。それは動物の場合は『雄』と『雌』です。人間の場合は『男性』と『女性』です。つまり『♂と♀』です」
☆黒板に記号を書く。
「ところで、チューリップは男チューリップ、女チューリップと分かれていますか」
☆皆、首を振る。
「そうすると、チューリップという植物は雄雌に分かれていないのか」

☆後ろの方から「オシベ」「メシベ」と声があがる。

「そうか！『雄しべ』と『雌しべ』があったね。植物は一つの体の中に雄と雌があるのだ。おもしろいね」

「神様は、はじめ心の世界で、命あるものをお造りになったとき、この植物のように雌雄両方の性質を一体とした完全なものをお造りになったのです。それを地球上では『雄』と『雌』の二つに分けて現れさせているのです。何故でしょう。不思議ですね」

☆みな同意する。中には分かったような、分からないような不思議そうな顔をしている者もいる。

「話は、森の中ですが、春になると森の中は生き物の命にあふれています。小鳥たちは美しいさえずりを交わし、雄が雌を呼び、互いに気が合えばつがいとなり、交尾する。あの美しい小鳥の鳴き声は雄と雌が引き合う愛の賛歌なのですね」

「今は秋、森の枯れ葉や、草むらにいる鈴虫やコオロギ等は鳴き音を出し、雄が雌を一所懸命に呼び、交尾します。あの虫の音は恋の唄なのですね」

☆皆、ニコニコしている。

「また、森の外れの野原では春には色とりどりの花がいっせいに咲きます。その花は色鮮やかな花弁と甘い蜜《みつ》を用意し、蝶や蜂を誘い、虫の体に花粉をつけ、他の同種の花の雌しべに運んでもらいつけてもらい受粉するのです。

花は美しい衣装を着けて蝶や蜂を誘っているのですね」

☆女生徒たち喜ぶ。

「このように本来一つの命の生物が地球上では『雄』と『雌』二つに分かれ、互いに優れた相手を求め、また本来の一つに帰りたいという思いで結び合う。すると、そこに新しい命が生み出されるようになっているのです。これは宇宙の全ての『もの』を造り出す根本原理なのです」

☆皆、神妙に聞いている。

「この、森の動物、小鳥や昆虫の雄が雌を呼び、結び合う姿を見て、どう思いますか」

「ウワー、いやらしい、不潔!　と思いますか」

「ウワー、何と真剣で、美しく素晴らしいと思いますか」

☆「素晴らしい」等の声があちこちから聞こえる。

「そうですね。森の動物の雄と雌とが互いに引き合い交尾して子孫を残そうといのち懸けで求め合う姿は、大らかで、自由で、明るく感動させてくれますね。そこには、少しの汚れもなく、人々にあこがれと希望、それに喜びさえ感じさせてくれますね」

「何故でしょう。それは、小鳥や虫たちは、この宇宙の造り主（神様）の智慧で、雄雌が引き合う『きまり』を忠実に守り、この地上に子孫を産み増やそうとする神様のご意志に素直に従っている。その無心な姿を見せてくれるからです」

☆生徒達静かになる。

「この二つの性が再び元の一つになり、新しい生命を生み出す行いは『神様の仕事』であり『神聖な行事』なのです」

「ところで、人間の場合はどうでしょうか。人間の性の結び付きも、本来は明るく、大らかで、汚れのない、美しい結び付きであり『神聖なる行事』であるはずです」

「ところが、未成年の皆さんや青年達の性行動には、人間として恥ずかしい行ないが見られます。中高生の売春、不純異性交遊、集団暴行（レイプ）等がそれです」

「そんな、男女の性的行動が見られるのは現代の人間の性に対する考えが間違っているからです。その間違いを人間以外の動物が人間に教えてくれています」

「一つは動物は性の働きが成熟し、完全に大人になり、子ども造りを始めます。人間は性的に成熟しても、まだ大人として完全とは言えません。その大人として未完成の時から性行動に走りがちです」

「二つには動物の『雄』『雌』は真剣に相手を選びます。気に入った相手が見つかったら、性行動を起こし、その後雌雄は共同で縄張り（テリトリー）や巣を完成します」

「三つめは動物の性の結び付きの目的は、ただ一つ『子孫を残す』事であり、他にはありません。人間のように快楽だけを求めることやお金を得るためにすることは絶対にありません」

☆うなずく生徒もいる。

「君たちの性的な結び付きが、いのちの輝きを放ち、この上ない喜びが溢れる『神聖行事』となるために、君たちが中学生として、今なにを学び、どのように生活をしていかなければならないかを先生と共に勉強していきましょう」

☆話し終わると生徒一同「ホッ」と解放されたようである。

好きだったら結婚してもいいの

《出前授業》授業の注文に応じて行う授業

三年一組の担任から「生徒が『森の中の話』を聞きたいといって
いるので」という要請があった。

（場所）三年一組教室

（準備した物）リンゴ、バナナ、トマト

（時間）五校時「道徳」の時間

☆教室に入る前から騒いでいる。

教師「こんにちは、佐野です。教室でははじめてお目にかかります」

☆生徒、みんなニコニコしている。拍手する生徒もいる。

教師「今日はこの教室で『森の中の話』のつづきをします。楽しくて、まじめな話です。
みんな気軽に発言して下さい」

☆「やった！」と喜ぶ男子。誘われて爆笑。

教師「ところで君たち、好きだったら結婚してもいいの？」

☆生徒一瞬、驚く。

☆「いいぞ」「イイジャンカ」と言う声もある。

教師「ここで『結婚する』と言うことは、男女が肉体的に結び合うことを言います」

☆「良い」と言う声低くなり、静まる。

教師「よし、ここでみんなに聞いてみます。『好きだったら結婚しても良い』と思う人は手をあげて下さい」

☆約三分の一の生徒手をあげる。男女ほぼ同じ人数。

教師「『好きだけでは結婚してはいけない』と思う人」

☆これも約三分の一ほど手があがる。

教師「『分からない』人」

☆三分の一ほどが上がる。

教師「良い、いけない、分からないが三分の一ずつに別れましたね」（中略）

☆良いと答えた生徒に向かい、

教師「あたりまえよなあ！　好きだったら結婚しても悪くないよなあ。好きなんだから」
☆意見に同調する。意外に生徒反応が鈍い。
生徒「ものすごく好きだったらいい」
生徒「たまらなく好きだったらいい」
教師「そうか、簡単に『好き』でなくて『ものすごーく好き』であったり『たまらなく好き』であれば良いのですね。どのくらい好きであれば結婚してもいいの」
☆両手を段々に大きく広げながら「このくらいか」「このくらいか」と問う。一同げらげら笑う。
「そんなものでは測れない」という生徒が大勢いる。（中略）
教師「次に『好きだけで結婚してはいけない』と思う人に聞きます。なぜいけないのですか」
☆このグループはおとなしい。
女生徒「結婚は一生のものです。好きだけではいけないと思います」
教師「そうか！　好きだけではいけないか。その上なにが必要か？」
☆「愛だ、愛だ」「愛が必要だ」の声が上がる。
教師「そうか、結婚には愛か、愛が必要か。愛とは何だろう」

☆「先生もわからんのな！」と言う。

教師「そうなんだ。難しいね。先生も勉強する必要があるね」

☆「先生、奥さんを愛しちょらんのか」

教師「愛しているつもりなんだがなあ！」

☆「つもりでは駄目」と女生徒。皆笑う。（中略）

教師「ところで、分からない人たち、どこが分からないのですか」

☆全く考えたことのない生徒、まじめに考え分からない生徒、どちらとも言えないと思う生徒、授業に不参加の生徒等々。

女生徒「『好き』と『愛する』とは同じであるようであり、ないような気もする。そこがよく分からない」

教師「そうか、さすが、中学三年生の女子だ。今日の話の一番大切な所だ」

☆男子の誰かがすかさず「好きが愛の始まり、恋の始まり」と茶化《ちゃか》す。

教師「いいことを言うねえ。『好き』は『愛』や『恋』のスタートか。ところで『好き』と『愛する』とは違うのか」

☆「違う、違う」と言う生徒もあれば「同じ」と答える生徒もいる。

教師「それでは、これから『好き』とはどんな心か考えてみよう」

☆リンゴや、バナナ、トマトを見せながら、

教師「君たちはリンゴが好きですか」

☆「好き」と答える声クラスの過半数いる。

教師「バナナの好きな人は」「トマトの好きな人は」

☆バナナが最も多く、トマトは少ない。

教師「A君、この三つの食べ物を好きな順に言ってみて下さい」

A君「バナナ、リンゴ、トマト」

教師「一番はバナナ、二番はリンゴ、三番はトマトですね。」

☆A君うなずく。

教師「リンゴが好きな人に聞きます。リンゴのどこが好きですか」

生徒「ウマいから」「形が良い」「色が美しい」といろいろ出る。

教師「Bさん、リンゴを見ることが好きですか。食べることが好きですか」

Bさん「それは、食べることです」

教師「そうでしょうね。リンゴを眺めているのが好きな人は少ないでしょうね」

教師「物に対して、好きという心をいろいろと話して解ったことですが『好き』という心は、理屈なしに相手に引きつけられる心ですね。その心は常に自分が中心になっている心ですね。私はリンゴが好き。他の人はどうでもよい。私はリンゴが好きとね」
教師「そして『好き』の心には比較があり、順番がついていますね。例えば、バナナよりはリンゴが好き。トマトよりはバナナが好き。もう少し厳しく言えば『リンゴが好き』と言うことは『バナナはリンゴに比べて嫌い』と言うことも言えますね」
☆生徒たち黙って聞いている。教師はこれまでの会話の例を出しまとめる。
教師「結局、好きという気持ちは、相手（物）に対して順番を付けながら感ずる好意ですね。その好意は相手を比較して感じている気持ちと言えますね。また『好き』の反対の感情は『嫌い』とはっきりしていますね。そしてその好意は自分が中心になっている好意ですね」
☆大半の生徒「そういえばそうだ」と言う顔をしている。
教師「次の時間に『好き』と言う言葉を人間に使ったらどうなるか考えてみましょう」

好きだったら結婚してもいいの（二）

（出前授業）前時につづく

（場所）三年一組教室

（前時は、好きという気持ちの中には相手に対して他と比べてみて感じている好意があるという話をした）

教師「ところで君たち、好きな人はいるの」

☆教室騒然となる。しばらく放っておく。

生徒「いない、いない」「いる、いる」

☆アイドルスターや歌手を言う女子、プロ野球選手を挙げる男子。

生徒「政江は加藤先生だ」

生徒「健次！　お前はいるのおー」

教師「ところで、この佐野先生はどうだい」

☆爆笑と同時に「ヤーだ」「嫌いだ」「対象外」「分からん」

等々騒ぎは益々拡大する。

（そんな騒ぎに加わらない生徒もいる）

☆その騒ぎを制し、

教師「そうか！　みんな好きな人がいるのか。中学三年生だから、あたりまえだね」

☆生徒ニコニコしてうなずく。

教師「ところで、どんな人が『好き』なんだ」

生徒「格好いい人」「背が高い人」「顔がいい人、美人」「おもしろい人、楽しい人」「深切な人」「優しい人」「スポーツ万能選手」「気が合う人」

☆等、口々に発言する。

教師「好きな理由として『格好いい』が一番多かったがどんなところがいいの」

生徒「顔かたち」「スタイル、姿」「服装、ユニホーム姿」「おしゃれ」

☆などと次々に挙げる。

教師「もっと詳しく」

☆生徒少し考えて

生徒「陸上の岩崎君の走っている姿」

生徒「生徒会長の壇上の姿」

生徒「池田先生のピアノを弾いている姿」

教師「政江さん。加藤先生が好きと言うが、どこが好きですか」
政江「バレー部で皆よく叱られ鍛《きた》えられるが一所懸命で、私たちのことをよく分かってくれ、練習の後はおもしろいから」
教師「うん！　加藤先生はそうですね」
教師「ところで、健次君、おめでとう。好きな女の子がいるということは素晴らしいことだよ。君の心の成長の証《あかし》だよ」
☆拍手や歓声が挙がる。
教師「今までの話の中で分かったことは、好かれる人は素晴らしい人ですね、美しい姿、優れた能力を見せる人、明るく愉快《ゆかい》な人、優しい人、一所懸命に努力する人、そんな素晴らしい人ですね」
教師「そうなると、佐野先生はあまり人から好かれるタイプじゃないね」とつぶやく。
☆「そうでもない」という声もする。
教師「君たちに聞きますが、自分は人から好かれると自信のある人がいますか」
☆生徒たち急に静かになる。
教師「自信のある人はいないのか。そうか」

☆「そんな者、いないよ」投げやりの声。

教師「美しいところ、優れたところをもっている人には男女を問わずに、強く心を引かれ、自分もあんな理想の人になりたいと思ってしまいますね。また、背の高い格好のいい男子や美しい優しい女子を見るとつい近づき寄り添いたい気持ちが起こりますね。そして自分も少しでも格好よくなり好かれたいと思います。しかし、自分の姿や、していることを見ると一度に自信を失い、劣等感で悲しくなりますね」

☆生徒たち皆静かに聞いている。

教師「先程、誰かが、陸上部のAさん走るときは素敵で好きだが、わがままなところは嫌いと言いましたね。好きという気持ちは部分を見て、比較してみる好意が『好き』ですね」

☆生徒うなずき真剣に聞いている。

教師「そんな気持ちの『好き』だけで結婚してもよいのかな。勿論、結婚というのは身も心もその人に許し、子どもを産み育て、家庭を築き、社会に責任を果たす生活を考えての結婚です」

☆生徒たちはお互いに顔を見合わせ私語を始める。

生徒Ａ「結婚生活を考えると『好き』だけでは不安です。もっと何かが欲しい」
生徒Ｂ「体つきや顔かたちなど本人ではどうしようもない事で『好き嫌い』と言われても困る」

☆「美人もひとときと父ちゃんがいいよった」とF君の声、爆笑おこる。

生徒Ｃ「本当に自分のことを分かってくれる人ならばよい」
教師「自分の良いところも悪いところも全部分かってくれる人のことですね」

☆C君うなずく。

教師「皆さんの話では結婚をするには『好き』だけではいけない。もっと深い理解が欲しいと言うことですね。皆さんの好きな人のことをよく考えてみて下さい。現れている美しい姿、優れた行動だけを見ていませんか。人間には表面だけでなく、見せたくない裏面もありますね。その人の裏も表も丸ごとをみて好きといえますか」

☆生徒神妙になる。

教師「また、もう一つ気になることがあります。それは、大人の入り口にいる君たちは異性を見ると性の欲望がわき上がり、引き付けられてしまう。そんな気持ちを『好き』と誤解しているのではありませんか。そんな思いがおこるのは君たちの身体が健康である証拠です。しかし、そんな思いの『好き』だけで結婚しても決して幸福になれません。それではどんな気持ちであれば良いのでしょうか」

☆生徒、神妙に聞いている。

教師「先程、F君が『好きが愛の始まり、恋の始まり』と実にうまいことを言ってくれましたが、その『愛する』と『好き』とはどう違うのかを、また一緒に考えてみたいね。今日はこれで終わります」

☆歓声と拍手おこる。

好きだったら結婚してもいいの（三）

（学級）三年一組前時と同じクラス

（時間）一週間後の五校時

（準備教具）幾種類かのリンゴと剥《む》いてあるリンゴ一皿

教師「こんにちは、佐野です」

☆生徒、リンゴの入ったカゴと皿を見て、ヤンヤと騒ぐ。「食べさせてくれるんな」「御馳走様」

等々。

教師「今日も先週に続いて楽しくて、まじめな話をします」

☆生徒はニコニコして待っている。

教師「今日の話は前時の続きで『好き』と『愛する』とはどう違うのかについて考えてみたいと思います」

☆「先生も好きやなア」とマセたことを言う子もいる。

教師「私は昼飯を食べていないから、腹が減った。ここで失礼だがこのリンゴを食べさせてもらうよ。この赤いリンゴがうまそうだな。これから食べよう」

☆と食べかけ、止め、

教師「いや、皮は堅いからむいて食べよう」

☆むいた皮はわざと机に投げ捨て、むいたリンゴを食べるふりをする。

教師「うまい、うまい」

教師「あっ、この芯《しん》の種の部分は酸《す》っぱくていやなんだ、これも捨てちゃえ」

☆食べ終わった様子で、

教師「アァうまかった。この黄色のリンゴもうまそうだなあ、これも食べよう」

☆食べる真似をして、

教師「これもうまかった。もうおなか一杯だ。もう要らない。いくらリンゴが好きでもこう毎日では飽いてしまう。見るのも嫌だ。誰かこのリンゴを片付けてくれ」

☆とぞんざいに言う。

☆生徒、びっくりして見ていたが、私の演技に騒ぎ、哄笑《こうしょう》、拍手入り交じって収拾《しゅうしゅう》に手間取る。

教師「ところで、皆さん、今私が見せたのは『リンゴが好きな私のリンゴに対する行ない』でした。この『好き』の気持ちで行なった行動を『人』に当てはめたらどうなるでしょう。考えてみてください」

☆生徒、神妙に考える。「いやになれば捨てる」「満足すれば飽きる」「飽きると無関心」「無関心になれば捨てる」等のつぶやきや声が出る。

教師「いやだねー。好きで結婚したのに。相手に嫌いな所があると言って文句を言うし、自分の欲望が満足したら飽いてしまう。飽いたら相手にしない。隣の人が素敵だと、その人と仲良くなる。そして、結局捨てられる。アーいやだねー」

☆うなずく生徒が多い。怪訝《けげん》な顔をしている女子もいる。

教師「そしてもう一つ大切なことは、リンゴを食べてしまうということです。それは、相手を利用し尽くして満足することで、相手を尊重し生かす心がないことです」
教師「先の私の『リンゴ』の演技はおおげさな所がありましたが『好き』と言う心の特徴を表そうとしたのです。そこで、もう一度聞きますが、好きだったら結婚しても良いですか」
☆生徒、首をふったり「問題だ」と言う生徒が多い。
☆考え込んでいた美保が手を挙げたので指名する。
美保「先生の言う『好き』とは違う、もっと良い『好き』の気持ちがあると思います」
☆続いて周二が手を挙げる。
周二「そんな浮ついた好きでなく、一生好きと言う気持ちもあると思う」
教師「どうしてそう思うの」
周二「テレビのドラマを見たり、両親を見て、そう思う」
教師「うあー、いいなあー。すごく仲のよいご両親だろうなあ」
☆周二、テレて苦笑い。「それが愛だ、愛だ」と言う声が上がる。
教師「そうか！　それが愛か。ところで君達、愛されていますか」
☆突然の質問に生徒は「エッ」と戸惑う。

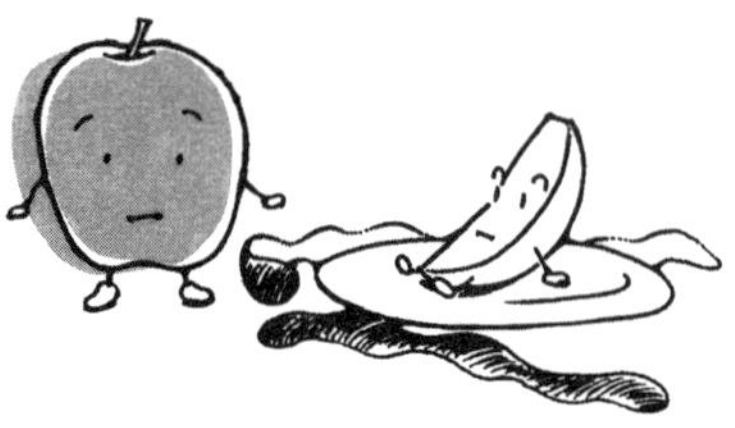

教師「もう一度聞きますが、君達は愛されていますか」

☆「ウヘー」「誰から?」「わからん」「先生、エッチ」「そんなことを、言われても……」等々、生徒騒然となる。

教師「そうか! 君達は誰からも愛されていないのか! 可哀相に」

生徒「そんなことを突然言われてもわからん」

教師「今、誰かが『先生エッチ』と言いましたね。そうか! 愛すると言うことはエッチなことなのか。よくテレビのドラマで出てくるからね」

☆生徒一瞬静まり、にわかに騒然となり「違う、違う」と言う者、「それだけではない」等さまざまな反応がある。

教師「ちょっと待って。よく聞いて下さい。初めにリンゴを食べる演技をしました。食欲の満たし方や満足した後の行動が分かったはずです。エッチな行ないは、他の大切な意味もありますが、おおよそは性欲を満たす行ないであることは分かりますね。性欲が満たされ、満足したら食欲と同じ行ないをすることが考えられますね」

☆生徒達うなずく。

教師「エッチすることが『愛する』ことと同じですか」

☆「違う」「そう、思わない」等の声あり、その声に皆同意の様子。まだ腑《ふ》に落ちない生徒もいる。

教師「ところで」

☆生徒「また、何か変な質問が来るぞ！」と叫ぶ。爆笑。みんな警戒する。

教師「君達、誰かか何かを愛していますか」

☆ほら来た！　皆一斉に笑い、考え出す。しかし、皆冗談交じりに「ねえな！」「わからん」「郷土、臼杵」「将棋」「彼女」「友達」「陸上」等、思いつくまま言う。

教師「政義君、君の将棋を愛していると言うのは分かるね。校内一番の将棋名人だってね。寝る間も、勉強する時間も全て将棋の為に尽くしていると言うことだね」

☆政義、首を縮めて「そんなことはねえ」と言う。

教師「一夫君の陸上を愛する気持ちも分かるね。夕方暗くなるまでよく練習をしている。最後の県南駅伝で優勝を目指し、よくやっているよ君は」

☆一夫、顔の前で手をふり、テレる。

教師「郷土、臼杵を愛する。と言うことも分かるね。日本の国を愛する人はいないのか」

☆誰も答えない。

教師「将棋や陸上に一心不乱に打ち込み、技術を高め、より高い理想の為に自分のことを無にして打ち込んでいるその姿は、『好き』を超越していますね。それは『愛』ですね」

教師「『友達』『彼女』と誰か小さな声で言ったね。何故、消え入るような小さな声でしか言えないのかな」

☆すかさず「めんどうしい（恥ずかしい）から」「よう分からんから」と言う。

教師「そうか人から愛され、人を愛していることはよく分からない。それは本当だね。また、なんとなく、めんどうしい（恥ずかしい）と言う気持ちもわかります。そのことを次の時間でを考えて見よう」

好きだったら結婚してもいいの（四）

（学級）三年一組

（時間）前回の続き

教師「人を愛し、愛されると言うことはよく分からないし、恥ずかしい気がするということが皆の気持ちですね」

☆生徒、みんなうなずく。

教師「何故だろうね。恥ずかしいというのは、愛するという言葉ですぐにベッドシーンを思い出すからではないかな。しかし、それは『愛』そのものとは違うことが先の話で分かりましたね。分からないと言うのは『愛する』という言葉が、私たちの生活の中では普通使われていないからだと思います。それでは『愛する』とか『愛』というのはどういうことなのだろう。一つの事例を挙げて考えてみましょう」

☆生徒、静かになる。

教師「先日の本校の運動会、最後の熱戦、紅白リレーで白軍は惜しくも敗れましたね」

☆生徒騒然となる。「工藤の下手糞《へたくそ》」「バトンを落として」など非難の声。

教師「惜しかったね。総練習の時は白軍は圧倒的な強さを見せていたのに。工藤君のゴール後の様子をみんな見ましたか。頭を抱え、うずくまって、小さくなって震えていましたね。そのとき、その工藤君に駆け寄って、肩を抱くようにうずくまった生徒がいましたね。アァそう。杉本という生徒か、杉本君か。その杉本君は工藤君がトラックから出て行くまで肩に手をかけていましたね。その情景を見ていましたか」

☆見ていたと言う生徒、約半分。

教師「どうですか。あの姿を見て、どう思いましたか」

☆見ていたと言う生徒に当てる。生徒「むげねえ（可哀相）」「杉本は優しい」「杉本は割りと勇気のある奴だ」等の声。

教師「あの、工藤君がバトンを落とした瞬間、会場の悲鳴ににた叫び、それに続く落胆のどよめき、必死の追走、それでも追いつかなかった。その時の観衆と生徒の半数の非難が工藤君に集中しましたね。その時の工藤君の気持ちはどうだったろう。バトンタッチの一瞬の恨《うら》めしさと悔《くや》しさ。白軍の仲間に対する申し訳なさ、悔やんでも悔やんでも悔やみ切れない気持ち。その心の痛みに身を小さくして、姿を消してしまいたい。その気持ち分かりますね」

☆生徒、黙って聞く。

教師「その時、生徒席から飛び出て来たのが、杉本君ですね。杉本君は工藤君の肩を抱き、自分も身を小さくして何を語ったんだろうなあ」

☆生徒「何も言えないよナア」同調する生徒もいる。

教師「その杉本君、たぶん工藤君と同学年で親友でしょう。杉本君は工藤君のあの落胆している姿を見ていられなくて、夢中で飛び出たのでしょう。ただじっと工藤君のそばに寄り添っていました」

☆生徒、今更《いまさら》ながら感動した顔で聞いている。

教師「杉本君は工藤君をなんとかしてやりたいと、我《われ》を忘れて席から飛び出した。その『なんとかしてやりたい』とは、『どうしてやりたい』のですか」

☆生徒「慰めてやりたい」「今の苦しみを楽にしてあげたい」「悲しみを取ってやりたい」

教師「今、誰かが言ったが何も言えなかったのかもしれない。しかし、工藤君の肩に杉本君が手を当てじっとしているだけで杉本君の心が伝わるんだね」

☆生徒、うなずく。

教師「この杉本君の行動に『愛する』ということがよく出ているのです。分かりますか」

☆生徒は分かったような分からないような表情。

教師「先ず杉本君の心が、圧倒的な非難の雰囲気に耐えかねている工藤君の悲痛な心とそのまま通じ合い、杉本君が工藤君と同じ心となった。この相手の心と同じ心になることが『愛』なのです。相手が悲しいとき自分も悲しい心となること。また相手が喜んでいるとき自分も同じように喜ぶこと、これが『愛する』ことなのです」

☆生徒「そうか！」という顔をしている。

教師「杉本君は工藤君と同じ悲しみを感じたとき、何とか工藤君の苦しみを楽にしてあげたいと思った。その時、我を忘れて飛び出して、工藤君に寄り添ったのです」

教師「ここにも愛の心が見られますね。一つは『苦しみを取って楽にしてあげたい』という心、もう一つは『我を忘れて行うこと』なのです。この、人から笑われようが、そしりを受けようが、非難されようが、相手を救うために自分を捨てて行う行為、これが『愛』であり『愛する』ということです」

☆生徒、シーンとして聞いている。

教師「ところで、あの杉本君の行ないを見た人、また、改めてこの話を聞いた人、感動したでしょう。どうですか」

☆生徒顔を上げ、「うん」とうなずく。

教師「愛する姿はどんな場面でも人々の心に響き感動を与えてくれます。そして、見る人の心を温かくしてくれ、すがすがしい心に洗い浄めてくれます。これが真の『愛』の作用なのです」

教師「逆に、どんな激しい愛のドラマでも、見ている人の心に恥ずかしい、いやらしい、重い苦しいものを感じるときはほんとうの『愛』ではないと思って良いのです」

☆生徒は驚いたような顔をする。

教師「結婚は共に白髪の生えるまで長い日常生活があります。好き嫌いだけではすぐに冷《さ》めてしまいます。そこには、お互いの『愛する』気持ちが必要ですね。これから君達は人に対して自分を無にして尽くせる心を養って行きましょう。そのためには、今、学校でやっている活動を精一杯することです。その中で友達の『愛の行為』を発見し、感動し、自分も勇気を出してやってみることです。その積み重ねが君達を立派な大人として生長させます。その時、すばらしい結婚が約束されます。頑張ってください。ではまた、お目にかかりましょう。終わり」

☆生徒、拍手。「また来てください」の声あり。

「愛する」ということ

（学級）三年三組

（時間）三校時

☆教室に入るなり拍手と歓声が上がる。「待っていました」と言う声もある。

教師「こんにちは。今日は前時に引き続き『愛するということはどんなことだろう』ということで話します」

教師「『愛する』ということは、分かったようで分からない。難しいね。このような『愛』の問題は授業で話を聞いても分からない。だから、このことを分かりやすく表現するために小説や音楽、映画、演劇それにテレビドラマがあるのですね」

☆生徒、そうかという顔をしている。

教師「ところで、君たち『誰がために鐘は鳴る』と言う映画を見ましたか」

☆二人ほど見たと手を挙げる。

教師「そうか、あまり見ていないのだな。ゲーリー・クーパー主演で相手は世界の美女イングリット・バーグマン、すごく美人だぞ。知らないのか。アメリカ映画だ。今日はその話をする」

☆生徒「やった！」と喜ぶ。バーグマンは知らないようだがゲーリー・クーパーを知っている男子はいる。

☆教師は次のことを話す。

一、小説「誰がために鐘は鳴る」の作者へミングウェイについて。代表的な作品「老人と海」やノーベル文学賞を受賞していること等。

二、スペインの一九三四年の反政府運動（十月革命）の失敗とその後長く続く、スペイン内乱について。

三、この小説の背景、共和軍のゲリラ（パルチザン）の活動。

四、主人公ロバート・ジョーダン（映画は米国人）の任務と、内乱に巻き込まれゲリラに救われた不幸な髪を切られた女性マリアについて。

五、戦略拠点に架《か》かっている橋梁《きょうりょう》の爆破の意義。その任務を負うロバートとマリアの、戦闘という極限の中で深まる愛情。

六、橋の状況、歩哨《ほしょう》と歩哨小屋、フランコ軍機甲《きこう》部隊の接近、戦闘開始、ロバートの爆薬の取り付け、橋に迫る機甲部隊、寸前の所で爆破成功、戦車砲、機関銃弾の中に脱出するゲリラ。（手振り身振りの演技を交えながら話す）

☆生徒、真剣に聞いている。

最後に残ったロバート、マリアの後を追って銃弾の中に人馬一体となり飛び出す。辺《あた》りに炸裂《さくれつ》する砲弾、銃弾の中を一気に駆ける。森の寸前に砲弾が炸裂、ロバートは吹き飛ばされ落馬、マリアの悲鳴、仲間の救出。ロバートの大腿骨《だいたいこつ》は骨折。

ロバートはピラール（ゲリラの頭目）を呼び、自分が追跡敵騎馬隊を防ぐことを告げ、隊員を退《しりぞ》けさせ、マリアを呼ぶ。彼は「マリア」と彼女の手をとる。「よく聞いてくれ。ぼくたちはもうアメリカには行けなくなったよ」。泣きだす彼女に、「マリア、泣いちゃいけない」。

「よく聞いてくれ。ぼくたちはもうアメリカへは行けなくなった。しかし、ぼくはどこへだって、君の行くところへついて行く。分かったね」。彼女は何も言わず彼にすがりつき、頭を彼の頬に押し付ける。

「これからぼくが言うことをよく聞くんだよ、マリア」

敵軍迫る。事態は急を告げる。しかし、これだけはよく分からせなくてはならないと思い、決然と言う。「マリア、きみは出かけるんだ。だが、ぼくは君のそばを離れない。ふたりのうちひとりがいるかぎり、ふたりともそこにいるんだ。分かったね」

マリアは「いやだわ、あたしはあんたといっしょに、残るわ」。「いけないよ、マリア。ぼくがこれからやる仕事はひとりでなければいけないのだ。きみが行ってくれれば、そのときは、ぼくも行くんだ。ふたりのうちどちらかのいるところには、いつもふたりともいるんだよ」。マリアは激しく頭を振る。「きみにとっては、それはつらいことだ。だが、今では、ぼくはきみでもあるんだよ」。彼女は黙っている。「さあ、ぼくたちふたりのために、きみは行くんだ」。「きみがアメリカの我が家の玄関に立ったときは、ぼくも立っているのだよ。きみが僕の母から熱く抱擁されたときには、ぼくも抱かれているのだよ」。彼女はかぶりを振る。

「いまでは、きみはぼくなんだ」。「もうこれで分かったね。ぼくにもはっきりわかった。これで行くことが決まった」。彼女は何も言わない。

彼はピラールに合図する。「いつかふたりでアメリカに行こうね。マリア」。「さあ、立って行くんだ。ぼくたちふたりとも行くんだ。さあ、立ちなさい!」。

「いや!」と叫んで彼の頭を抱き締める。彼はことばに力を込めて「立つんだ」と言う。「きみは、ぼくでもあるんだ。きみは、ぼくのすべてなんだ。さあ、立つんだ」。マリアはピラールに支えられて力なく立つ。「さようならはいらないよ。別れるわけではないからね」。

ピラールに「しっかり鞍《くら》に乗せてやってくれ。さあ、乗るんだ」（後略）。

マリアは去った。ロバートはなにか大きなことを成し遂げた気持ちになり安堵《あんど》する。しかし、そのとき大腿骨骨折の激痛が彼を気絶させせんと襲う。彼は「そうだ、合衆国のことを考えよう。いや、駄目だ。共和国のことを考えよう。これも駄目だ。それではマリアのことを考えよう。これなら考えられる」。彼は鮮明な視力で機関銃の照準を覗《のぞ》く。眼前に大きく迫り来る騎兵隊。それに向かって一気に引き金を引く。ジ、エンド。

☆途中で話が涙声になった教師に、涙ぐむ生徒、泣き出す女生徒もいる。いたく感動したようでしばらく沈黙続く。

教師「どうでしたか。この話。ラストシーン。ロバートとマリアの愛は感動させられますね。泣かされるね」

☆生徒「うん、うん」とうなずく。

教師「二人は別れましたね。二人は戦争という非情な事態で引き裂かれました。しかし、二人は魂において一体になりましたね」

☆生徒は何も言わない。誰かが「むげねえなあ（可哀相だ）」と言う。

教師「ロバートのどの言葉が一体感を表していますか」

☆生徒「いまでは、ぼくは、きみでもあるんだよ」

「いまきみは、ぼくでもあるんだ」等が挙がる。

教師「ロバートの肉体は亡びても魂はきっとマリアと共に生きていますね。君たちそう思わないか」

☆ほとんどの生徒は同意の顔。

教師「本当に『愛する』ことは肉体を超えて魂が深く結び付くことですね。そして、現実には自分の肉体は滅ぼしても相手を幸せに向けて、解放することなのですね。感動させられるね」

☆生徒「すごい！」「俺にはできん」等の声。他の生徒は黙してなにも言わない。

教師「このヘミングウェイの『誰がために鐘は鳴る』（新潮文庫）上下をぜひ読んで下さい。それでは、今日はこれで終わります」

☆生徒、拍手。「また、来て！」の声あがる。

愛は浄、不浄を超えて

（出前授業）

（学級）三年三組「愛するとは」で映画「誰がために鐘は鳴る」を扱ったクラス。

（校時）五校時

☆「来た、来た」と廊下に聞こえる。

☆教室に入るなり拍手。みんなニコニコしている。新任の女教師が参観している。

教師「こんにちは。今日も楽しい話をしましょう。前の映画の話どうでしたか。究極の愛でしたね。ロバートとマリアとは魂で固く結び付きましたね」

☆と言いながら教師はしきりにハンカチを捜す。やっと探り当て、慌《あわ》てて鼻に当て「ハクション、ハクショイ」とクシャミをする。

教師「失礼、失礼、ゴメン、ゴメン」

☆と言いながらハンカチで鼻を拭き、口を拭う。

生徒「キタネー（汚い）」「唾が飛んだ」「風邪をひいたんな」

☆などの驚き、非難、同情の声が上がる。

教師「失礼しました。大変醜いところを見せました。ところで、君たちコレを見る」
☆とクシャミをしたハンカチを開けようとする。
生徒「うわーキタネー」「やめて！」
生徒「汚いことは止めて下さい」
☆と女子の誰かがまじめに忠告する。
教師「うん、自分でしたクシャミだが、見るとやっぱりキタネーな」
☆と言ってハンカチをしまう。
教師「そうだね、鼻水やツバは汚いなあ。ところで君たちに尋ねるが、君たちの鼻や口には鼻水も唾液《だえき》もないのか？」
生徒「そりゃあるよ」
☆口々に言う。
教師「そうか、君たちも、その汚い鼻水やツバはあるんだね」
生徒「当たり前だ」
教師「それでは、ふだん授業中でも鼻水や唾液を思い出しては汚い、汚いと思うのですね」
生徒「そんなことはない」

生徒「汚いとは思わない」

生徒「あることも忘れている」

☆とけげんな顔。

教師「それでは、先程のクシャミの鼻水とツバキも汚くないの」

☆と言ってハンカチを出す。

生徒「やめてー、キタネーけん」

教師「ふだんの鼻や口の中の鼻水やツバキは汚くないと言うのに、クシャミのそれは汚いと言ったり、矛盾《むじゅん》しているのではないの」

生徒「一度、出たものは汚いのです」

教師「えっ、鼻や口から出たものは汚いのか。そうか、いつも決まってある場所からそのものが違った場所に出てくると汚いと感ずるのですね」

☆と言いながらポケットの容器を出して見せる。

生徒「きゃー、検便だ」

☆大騒動。

教師「これは一昨日の検便容器です。この中に入っているのは大便です。この容器に入っていたら汚くないですね」
生徒「やっぱりキタネー」
☆生徒たち叫ぶ。容器の蓋を開けようとすると、悲鳴に変わる。
☆教師騒ぎを押さえながら容器をポケットに納め、
教師「大便も君たちのおなかにあるのだが、定った場所にあるときには汚いと感じない、それは何故か。それは、身体《からだ》も大便も一体となっている。自分とひとつになっていると感じるときは汚いと感じないのですね。いったん排泄《はいせつ》した大便は、もう一体感を持つことができないのです。だから、汚いと感ずるのです」
☆生徒、黙って聞いている。（中略）
教師「実は、このことは人と人の関係でも言えるのです。前時で学習したように愛とはロバートとマリアのように心（魂）が一体となることでしたね。しかし、相手が汚いと感じたときは、その相手を愛していない証拠なのです。相手を汚い、憎い、損だとかいう思いがあるときは、お互いが別々の感じを持ち、その相手に対して一体感はなく、愛はないのです」
☆生徒、分かったような分からないような顔をしている。

幾人かはうなずく。

教師「母親が赤ん坊を愛している姿を見たことがありますか。赤ん坊は母親の胎内《たいない》から生まれ、母親は赤ん坊と一体感をまだ多く残しています。だから赤ん坊がどんなに臭《くさ》い糞便《うんこ》をしても、それを汚いと感じないで、ニコニコしながらオムツを替えていますね」

☆生徒はほっとした顔でニコニコしてうなずく。

教師「母親は赤ん坊と身が二つに分かれても元々一つのものであるという感じがあるから決して汚く感じないのです」

☆生徒、落ち着いて聞いている。

教師「これは、わが家であった出来事です。赤ん坊の娘をタライで湯浴《ゆあ》みさせていたとき、妻が、

『お父さん来て、菜の花が咲いたよ』

と言います。行ってみるとタライの一面に黄緑の菜の花の花びらが浮いています。

『本当だ。きれいな菜の花だ』

と思わず叫びました。しかし、よく見ると、何と赤ん坊の糞便でした。私は美しいと思いました。決して汚い感じはありません。父親の私もわが子の糞便を汚いと思わな

いことが分かりました」
生徒「うわ、可愛い！」
生徒「先生は娘さんを愛しているんだ」
教師「半身不随のお婆さんの下の世話をする明るいお嫁さんを先生は知っています。また、筋萎縮症《きんいしゅくしょう》の奥さんの全ての世話を親身にしている先生も知っています。大人で、嫁姑《よめしゅうとめ》や夫婦の間柄でも愛深い人は相手の人の命と一体だと感ずることができるのですね」
☆生徒感心して聞いている。
生徒「僕もそんな人知っている」
☆と言う男子に、その話をさせる。（中略）
教師「ところで、君たちの学級では人の汚いところや欠点、いやらしい所を見つける名人はいませんでしょうね」
生徒「いる。いる」「女子にかなりいる」
☆の声上がる。
教師「そうか。いるのか。その人は『愛』が足りないのです。相手が汚い、嫌だと言う気持ちは相手を自分から突き離して見ているから、そのような感じが起こるのです。そこには『愛』はないのです。親子一体感を持つ母親は鼻づまりの幼児のわが子の鼻汁を吸い取ってやれるほど愛することができるのです」

☆生徒、黙って聞いている。

教師「どんな友達でも、あの人はよい、この人もよい、みんなよい、よい人ばかりだと、善《よ》い所だけが見えるようになったら、その人は全ての人を愛することができる人であり、全ての人から愛される人なのです。そうなりたいものですね」

生徒「そんなこと、無理、無理」「俺にはできない」

☆の声。ため息も聞こえる。(続く)

蕾《つぼみ》は触れずに咲くのを待とう

(学級)三年三組

(校時)六校時

☆前時の授業(前週)では「愛」があれば何でも美しく、善いことと見えることを学んだ。

教師　☆今日は、皆きちんと席に着いてニコニコして待っている。「今日の話はなんなー」と最前席の益田君が言う。

教師「こんにちは、今日も真面目で楽しい話をしよう。よく、聞いてください」

☆生徒、拍手。「先生が真面目でと言うときにはきっと何かがあるぞ」と先取りする生徒もいる。

教師「先週は、愛する人は汚いことも善く見え、美しく見えると話しましたね。君たちはどうですか。そんな人がいますか」

生徒「いない、いない」

☆そういう生徒が大勢である。目をそらして恥ずかしそうに下を向く女子もいる。

教師「中三の君たちの様子を見るともう、ほとんど大人に近い身体に成長しましたね。男は男らしく、女子はいよいよ女性らしくね」

☆生徒、皆、嬉しそう。男子は腕を曲げて筋肉の自慢をするもの、胸を叩いて胸郭《きょうかく》の厚さを誇張する者。

女子は皆ニコニコ笑っている。

教師「ところで」

☆と切り出すと生徒、静まる。だれかが「シーッ」と制止する。

教師「君たちの身体で人に見せたくないところはどこですか」

生徒「そらきた！」

☆と騒動。「そりゃー決まっとる、あそこじゃ」。「肛門」と叫ぶ男子。女子は顔を見合わせ、恥ずかしそう。

教師「（騒ぎを押さえながら）よし、よし、君たちの言わんとするところは分かる。それは、体内のいらないものを排泄する部分と、もうひとつあるね」☆生徒、静まる。

教師「もう一つは赤ちゃんをつくる部分で男女ともにある『生殖器』ですね」

☆生徒、うなずく。すると磯辺君が「インブ」と言う。

教師「オォ！　そうだ、磯辺、よく勉強しているね。漢字ではどう書くの」

磯辺「『かげ』の『ぶ』です」

☆『陰部』と板書する。

教師「これは『かくしどころ』とも言うんだよ」☆板書する。

☆生徒「へえ！」と意外な顔をする。

教師「誰でもどうですか？　人に見せたくない所は大小二つの排泄器と生殖器『かくしどころ』ですね。しかも、よく人体の構造を考えてみると、この身体を考案した創造主

（神様）はうまく考えたものですね。人体で一番安全で隠れているところに『かくしどころ』をつくっていますね」

☆生徒、うなずく。

教師「その部分を考えたり、話をするだけでも恥ずかしいね。なぜ『恥ずかしい』と言う気持ちが起こるのでしょうね」

生徒「そりゃ、大事じゃけん」☆と誰かが言う。

教師「そうだ！　天地自然（神様）の智慧が『必要になるまでは大切にしまっておくように』と『かくしどころ』をおつくりになっているのですね。そこでその部分についてては、見せることを『嫌だ』という気持ちでもなく、悦びでもない『恥ずかしい』という感覚を人にお与え下さったのでしょうね」

生徒「そうか！」☆と初めて聞いたような顔。

教師「ところで、女子の諸君にはもう一ヵ所『恥ずかしい』所がありますね。どこですか」

☆女子も男子も「ちち」「乳房」とすぐに答えが返る。

教師「そうだね。『乳房』ですね。赤ちゃんの大切な命の糧ですからね、大切です。その乳房も女性にとっては恥ずかしい所ですね。ただ、乳房は女性の子育てをする喜びの象徴であり、誇りでもありますね。だから胸に堂々と突き出しているのです」
☆男子『ワーッ』と声が上がり、女生徒は恥ずかしそうだが、また嬉しそう。
教師「ところで君達は、もう生《は》え揃《そろ》っているだろうね」
生徒「何が」
☆男子、わかっていながら聞く。生徒、大歓声。
教師「あそこの毛だ」
☆「生えちょる」「真っ黒だ」と男子。女子はゲラゲラ顔を見合わせ笑っている。
教師「そうか、よかった、よかった。皆、順調だね」
☆騒ぎを抑えながら
教師「神様は『かくしどころ』を人目にさらさせないために陰毛を与えて、さらに深く隠しているのです。その神様の『大切にしなさいよ』という御心《みこころ》が私達に『恥ずかしい』という気持ちとして私たちの心の内に与えられているのです。その内なる気持ちに素直に従う君達を、若々しく、清潔で純粋な美しさで現してくれているのです。君達の今の若い汚れのない美しさは何物にも替えることができない美しさなのです」
☆生徒、ニコニコしながら聞いている。

教師「ところが君達の中には、生徒指導主任の先生の忠告を聞かないで、男子は上着のボタンを外したり、変形ズボンをはいたりしている。女子は胸元を広げたり、膝上二〇センチもミニスカートにしている人もいますね」

生徒「それは、○○だ」「××さんだ」「△△お前のスカート短いぞ」

☆と言う声上がる。

教師「人間の気持ちは複雑ですね。見せたら恥ずかしいと思う反面、見せたい気持ちもどこかにあるね。どうかね」

生徒「あるかもしれん」「ないこともない」「ある、ある」

☆の声上がる。女子からは「変態」と野次られる。

☆「女子にもあるぞ！」と誰かが叫ぶ。

教師「そんな気持ちはどこかにあるね。しかし、日常の学校生活で着用する制服を改造して、性の魅力をふりまき、異性の興味を引き、好意を得ようとするのはどうかね。間違っているね。その人は寂しいね。悲しくなるね」

☆生徒、静かになり、聞いている。

教師「これは、女子だけに話します。男子は聞かないで下さい」

☆男子、身を乗り出して聞く。

教師「女子が不用意に女性の秘密の部分をチラつかせていると、大抵の男子は性的欲望が大波のように膨れ上がり、終《しまい》にはブレーキが効かなくなって暴走してしまう場合が多いのです。男子の身体はそうなるように造られているのです。だから、暴行を犯した男性も悪いが、そのように仕向けた女性にも責任が大いにあるのです。そのことをよく知っていて下さい。そして、こうした間違いは、君たちの将来に暗い影を落としてしまいます」

☆男女共、静かに聞いている。

教師「君たちの、今の若々しい清純な美しさは、今にも咲こうとする花弁をつぼめた蕾《つぼみ》なのです。今はそっと見守り、咲いたときの美しい姿を思い浮かべて、じっと待っているのがよいのです。みだりに触れないでください。大切にしてください。素晴らしい君たちの未来のために。今日はこれで終わります」

☆生徒拍手。

あだ花は実らず散る

（舞台）学校の校庭が一面に見える土手の上、四月の末の土曜日。快晴の午後、グランドでは部活の準備をしている野球部、テニス部。
陸上部は芝生の上で柔軟体操を始めている。

（登場人物）
ピカリ先生　仇名《あだな》「ピカリ」頭髪の衰微《すいび》と後退から名付けたと思われる。
義夫（中二）テニス部、背は高いほう、痩せ形で猫背、物憂《ものう》い感じ、寡黙《かもく》。
和彦（中二）野球部、背は低いほう、やや肥満、陽気でお喋《しゃべ》り。
正文（中二）陸上部、背は中程度、メガネの奥には優しい目、読書好き。
※三人は同じクラス。三人とも部活は苦手で暇を見つけてサボる。

☆ピカリ先生、初夏の陽気に上着を脱がされ、坐って部活の様子を見ている。すると、眠くなり、草むらに仰向《あおむ》けになる。部活の苦手な三人組が来て、「先生は呑気《のんき》でいいな」と言いながら、義夫は右手に、和彦は左に、正文は後ろに坐る。

先生「お前たちか、サボリ三人組も呑気じゃのー」

和彦「先生、わし（私）たち、そんなに呑気じゃないんでー。話があって来たんで」

先生「そうか、何か悩みがあるのか」

☆三人、顔を見合わせ「言おうか」「言うな」「言え」「バカ、言うな」と声をひそめて言い争う。

先生「言いたいのなら早く言え、先生の貴重な昼寝の時間だぞ」

☆和彦が二人に宣言するように、

和彦「言うぞ！」「先生、やめられんて」

先生「何がや」

☆三人ともくすくす笑う。

和彦「あれじゃ、あれじゃあ、マスじゃ」

先生「なに、マスターベーションのことか」

和彦「そう、そうじゃ。マスがやめられんち、義夫が悩んでいる」

先生「そうか。義夫はマスを悩んでいたのか。お前たち二人はしていないのか」

☆和彦、正文、ニヤニヤしながら「している」と言う。
先生「義夫、毎日、朝晩やっているのか」
義夫「そうはしない」
☆苦しそうに下を向いている。
先生「そうか。和彦、正文はどうか」
二人「週三回ほど」「毎日はしない」
先生「お前たちは偉い。こんな話を、昼間の太陽の下で話に出すとは偉い。暗い所でひそひそ、ニタニタしながら話すよりはよほど、明快で清潔でよい」
☆三人とも、突然の誉めことばに驚く。義夫、正文は真っすぐに先生の方を向く。
先生「そして、お前たちにおめでとうと言いたい。それは、お前たちも立派な大人の働きが出来る身体に成長している証拠だからだ。お前たちも知っているだろう。精液は『子種』だ。若いお前たちの身体は精液を造りはじめて、貯蔵することを始めた。しかし、使わないと貯蔵容器から溢れ出てしまう。そのとき、そんな行動となるんだよ。お前たち、変な夢を見て溢れ出たことがあるだろう」
三人「ある。ある」

正文「六年生のとき初めてあった」
先生「男子の九十九パーセントはみんな、そのことを経験しているんだ。気に病むことはないのだぞ」
和彦「知っていたけど先生から言われて安心した」
☆三人とも顔を見合わせる。
先生「ところで、あれをした後はどうだ？　嬉しい、楽しい、幸せと思うか」
義夫「それが、苦しい。ものすごく嫌だ。自分は馬鹿だと思う」
正文「こんな恥ずかしいことをするのは俺一人と、自分が嫌になる」
和彦「俺もそうだ」
☆と真面目な顔をして言う。
先生「そうか、苦しいか、身体を突き抜けるような快感があっても嫌なんだね。たとえ、肉体がよろこんでも、心は暗く、汚されたようで後悔して落ち込んでしまうんだね。君たちは素晴らしいな。本当に『魂』が綺麗《きれい》なんだね」
☆三人とも眩《まぶ》しいような顔をする。
先生「お前たち、覚えているか。この間、道徳の時間に話したことを。身体《からだ》は『空《から》だ』。

肉体は自分の所有物であり、どうやら身体よりほかに目に見えないが『本物の自分』がいる、という話を」
三人「うん、覚えている」
先生「目に見えない『本物の自分』は自分の『こころ』であり『魂』だったね。その自分、即ち『魂』が本当に歓ばないとき身体（肉体）が歓んでも心は沈んで、苦しいんだね」
☆三人は黙って聞いている。
先生「お前たちが立派な大人となり、結婚し、夫婦が愛し合い、心と心が一つになり、魂も身体も一つになったとき、本当の歓びが感じられるのだよ」
三人「へえー」
☆と初めて聞いた感動を表す。
和彦「先生は体験者だからなあ！」
先生「そうだ。先生は立派な体験者だぞ」
☆三人「うわー」と転げ回って笑う。
静まって、義夫が浮かぬ顔で、
義夫「悪いと思っても、どうしても手がいってしまう」

先生「そうだね。そのことが悪いと思うと一層そのことが気になりやってしまうのだね。だから、このことは自然なことで良くも、悪くもないことと思い直すことだ。そして、きっと『しなくなる』『忘れられる』と心で言い続けることだね。このことを二十歳になるまで続けている男は滅多にいないんだぞ」

正文「そうなー」

☆とえらく感心する。

先生「部活で身体がくたくたに疲れて寝ても、してしまうことがあるだろう。試験勉強に熱中しても、ついやってしまう。しかし、やらないときもあるだろう。どんなときか考えてみよう。それは何だか、嬉しくて、楽しくて、心が弾んでいるときではないかな。先生の場合は中学時代、牛の餌の草切りに行きだのもん（牛の餌）を作り、爺《じい》さんから褒《ほ》められたときとか、生徒会の仕事で先生や女子に認められ愉快になったときなど」

三人「そうかなあ」

☆と疑う表情。

先生「人のために何かをして、心（魂）が真から歓んでいるとき、案外手を出さないものだよ。試してみろ」

和彦「そうかなあ」

先生「正文、父ちゃん、キュウリやナスを植えたか」

正文「植えた」

先生「お前、手伝ったか」

正文「いいや」

先生「ナスもトマトもまだ箸《はし》のように細く、三十センチもなっていない。幼い苗なのに花が咲いているのを見たことがあるか」

正文「ある」

☆とうなずく。

先生「その花を『あだ花』と言うんだ。その花は実を着けずに落ちてしまう花なんだ。それでもトマトは花を咲かせ実のある花の準備をしているのだ。お前たちの身体は今、結婚し子どもを作る大切な子種を造る働きが始まり、素晴らしい結婚生活の準備をしているのだ。そのあまりにも大きな身体の変化に、お前たちは驚いているんだよ」

☆三人とも神妙に聞いている。

先生「今、お前たちはしっかりと勉強に運動に励《はげ》み、友達のため、学級学校のためにできることを奉仕し、こころ（魂）の歓びをたくさん味わうことが大切だ。その歓びは束の間の肉体の喜びより何百倍も大きいことを知ることになり、それが、自然に不愉快な行ないなど忘れさせ、お前たちの将来の幸福な結婚生活の基本になるのだよ」

☆三人の眼はグランドの遥《はる》か向こうを眺めている。

先生「それ！　三人のサボリマン。グランドに早く出て球拾《たまひろ》いをしろ！」

三人「オオキニ！」

☆と言ってグランドに駈けだした。

ヴィーナスの恥じらい

（舞台）図書室

（登場人物）先生、裕二（中二）、直（中二）、孝行（中二）、和典（中三）

（教材）①『世界美術全集西洋6』（角川書店）②『世界名画全集4イタリア』（平凡社）③ポルノ雑誌

☆一九八五年（昭和六十年）当時の地方都市の中規模中学校のできごと。

十月末の夕暮れ。教室を見回る。明かりを点《つ》け、戸締まり、掃除用具、清掃状況、机の中を見る。教科書をそのまま置いている者もいる。書店の封筒に雑誌を入れ無造作に机の中に突っ込んでいるのを見つけ、開けて見る。ポルノ特集の写真雑誌である。驚いたが、その席に腰掛けて観賞する。前田裕二の席である。（当時のポルノ写真は現代のポルノ雑誌のように過激でない。）

☆翌朝、担任にこのことを告げ、関係の生徒に放課後図書室に来るよう言う。

☆翌日の放課後、閉館日の図書室はガランとしている。

☆西欧美術全集を取り出し待つ。三人の生徒やや緊張して入って来る。

先生「よう！　よく来た。まあ、坐れよ」

☆三人とも、うなだれている。

裕二「済みません」☆小声で言う。

先生「なーに、裕二の御蔭でゆっくり楽しませてもらったぞ」

☆とポルノ写真集を指して言う。三人ともホッとしている。

先生「ところで、裕二、この本はお前のか」

裕二「違う、借りた」

先生「誰から」

裕二「三年生から」

先生「そして回し読みしたのか」

裕二「そうです」

☆結局、三年の和典が裕二に貸し、直、孝行らに渡り、和典に返すつもりが、机の中に忘れたことが分かる。このような本の回し読みは珍しくない。

直　「先生、怒らんのな」

先生「怒らんぞ。先生もおまえたちと同じように楽しんだからのう」

☆三人とも明るい表情に変わる。その時、和典が不快な顔付きで入って来る。

先生「おう！　和典君、よう来た。お前、いい本持っているのう」

和典「俺のじゃねえ！」

先生「兄貴のものを持ち出したのか」

☆和典うなずく。

先生「よし、その話はここで終わり。ところで、この世界美術全集を見たことがあるか」

☆和典と裕二は見たことがあると言う。

先生「それでは、この美術全集を見よう」

☆何も言わずにページをめくる。

☆中世のキリスト教美術は生徒には興味はなさそうである。ただ、聖母子の絵に心を動かしている。ルネサンス時代の聖母マリアと幼時キリストの像がまるで生身のように描かれているからである。ゴシック建築、天井画、十字架のキリストのどことなく暗く、閉塞《へいそく》した黄金色の絵画、建築物を過ぎて、次のページをめくる。教師も生徒も「ハッ」と息を呑む。一挙に明るい透明な光りさしこむ夜明けの世界が視界に広がった。

☆《春（ラ・プリマヴェラ）》サンドロ・ボッティチェㇽリの作品（左下写真）である。生徒はしばらく何も言えない。「ワー」「ウッチィー（美しい）」「スゲー」と感嘆詞ばかり。

先生「中央に立っているのが美の女神ヴィーナスだよ」

四人「そうなー」☆とうなずく。

先生「右の三人は西風ゼフュロスにさらわれ妻となり花の女神となったフローラだよ」

生徒「衣装に花模様」

生徒「花籠《はなかご》から花を播《ま》いてる」

先生「左の踊る三美神は春の芽生《めば》えを表しているのだ。左端の男性はこの明るい春の光をさえぎる雲を払っているのだよ」

生徒「へェー」

☆感心する

先生「どうだい。お前たち、美しいだろう。綺麗だろう」

生徒「ウン！　ウン！」☆とうなずくだけ。

先生「何が、どこが綺麗で、美しいのか」

生徒「空気が澄んでいる」

生徒「薄いベールが綺麗だ」
生徒「花が美しい」
先生「お前たち、一番言いたい事を避けている。女神たちの『裸身《はだか》』はどうだ」
☆生徒は何も言えない。中学生にはその美しさを表現する言葉がないのだ。
先生「この女神たちを見て、エッチを感じるか」
☆四人は激しくかぶりを振る。
先生「この三女神の肌の色の美しさ、肢体のしなやかさ、豊かな満ちあふれる生命があり、そこには一点の汚れもないね」
先生「これで驚いてはいけないよ」
☆と言い、次の世界名画全集を開いて、
先生「この絵はどうだ」
四人「ウワーッ、これ見たことがある。教科書に出ていた」
先生「これが『ヴィーナスの誕生』という名画だよ。どうだ」
☆生徒の目は眩《まぶ》しそう。まともに見ることができない。

ヴィーナスの誕生

先生「今、生まれたんだよ、この美の女神ヴィーナスが。海の泡《あわ》から貝の上にね」
生徒「へえー」「そうか」「それでか！」
先生「見てみろ。ヴィーナスは人々から見られているのに気づいて恥ずかしさにあわてて手を胸にあて、その指は震えているようだね。風に波打つ髪。目は潤《うる》み、唇も細かく震えているようだ。今、ヴィーナスは風の神に吹き寄せられ、ニンフ（自然の精霊）が衣を広げて待つ陸地に降りようとしているのだよ」
生徒「ふーん」☆と嘆息だけ。
先生「お前たちは、この『ヴィーナスの誕生』と『春』の絵を見て、その美しさに打たれて言葉にも出せないほど感動をしているね。そのお前たち四人を先生は『偉い』と思うよ。何故ならお前たちにこの絵の本物の美しさを感ずる心が十分にあることが分かるからだ。このことは大切なことだよ」☆生徒キョトンとしている。
先生「この永遠の美しさを画布に描いた画家はボッティチェルリと言う画家なのだ。この画家の汚れない美しい心が画布に表現されているのだ。その美しい画家の心とお前たちの美しい心が一致したので感動したのだ。だから、お前たちは凄いのだぞ」
☆生徒、嬉しそう。

先生「さて、それでは、お前たちのポルノのヴィーナスを見るか」
和典「先生、もう見らんでんいい」
先生「まあ、いいじゃないか」
☆と言い表紙をめくる。
先生「オッ、綺麗な写真じゃないか」
裕二「うわー、ムーッとする」
直　「綺麗な写真じゃけんどエッチじゃ」
孝行「ヴィーナスの顔と違う」
先生「どこが違うのか」
孝行「この写真は笑っちょる」
先生「そうか、ヴィーナスは自分のはだかが恥ずかしかったんだね。この写真の人は恥ずかしさがないのだね」☆孝行うなずく。
先生「裕二、お前はポルノの写真を見てどうだったか」
裕二「いや、ペラペラとめくって見ただけでよく見てない」
☆直、孝行も同じだと言う。

先生「どんなに美しい写真でも、このポルノ雑誌に載っている写真には性的な刺激を与える目的がまる見えだね」
和典「変な所をのぞき見をするようで、心がいやになる」
先生「そうか、お前たちは心が綺麗だね。先生が一番気になるのは、お前たちが女性を見るときこのポルノ写真の撮影者と同じように、女性を性の刺激の対象としてしか見えなくなってしまうことだよ」
先生「神様はどのような女性にもその女性でなければ現すことができない〝美しさ〟を与えているのだ。すべての女性は本当は個性的な美しい『ヴィーナス』なのだ。それを見つけるためには、ボッティチェルリのような気高い純粋な心の目で女性を観ることができる時、そこにすばらしいヴィーナスが現れるんだよ。そんな純粋な汚れのない目をお前たち四人は完全に持っているね。すごいね。よかったね」
☆生徒たちはけげんな顔をしながらも嬉しそう。
先生「和典、このポルノ雑誌お前に返す。兄貴に返しておけよ。そしてお前たち、また変な気持ちになったら、この美術全集の『ヴィーナス』に会って心を洗うんだぞ」
☆一同「分かりました。ありがとうございました」とペコンと頭を下げて帰っていった。

後日談

これまで、紹介しました「中学生に語る『愛の講座』」は、昭和六十二年から二年間在任しました市立K中学校のことが中心でした。しかし、それ以前にも同じような話をしましたし、管理職になっても機会があれば話しました。その時は〝愛の講座〟という大袈裟《おおげさ》な表題を掲げた訳ではなく、ただ明るく伸び伸びと解り易く「愛する」ということを話そうと思ってのことでした。

卒業生に囲まれて

ある年の夏の夕刻、大分駅で日豊線下りの列車に乗る。混雑する車内は高校総体予選に参加した学生で一杯になりました。辛《かろ》うじて席を得た私が「ホッ」として車外を眺めていると、席の周りから「先生、先生」と呼びかけられる。振り向くと見たことのある顔が笑っている。「おう、お前達か」。K中の卒業生である。総体帰りの逞《たくま》しくなった五、六人の男子高校生に囲まれてしまった。「先生、中学での話面白かった、覚えちょるで」と一人が言う。周りはニコニコしている。「そうか、ありがとう。ところで、どんな話を覚えているのか」と尋ねる。

「『森の中で男女のしたことは何か』と全校生徒の前で聞いたこと」

「教室でリンゴをひとつ食って話をしたのは先生が初めて」

「そうか。そうだろうね」と私は認める。

「お母さんが赤ん坊の鼻汁を『ちゅうっ』と吸い込む話」。「あの時、検便容器をもって来ていたなあ」。「ウンコの話」等が出る。後ろの方にいる生徒が「先生は泣きべそじゃ。映画の話（誰がために鐘は鳴る）の終わりはほとんど泣きよった」。皆、相槌《あいづち》を打つ。

「そうか、バレたか」苦笑する。皆一斉に笑う。

「シーッ、車内だ。静かに」と注意する。

肝心な事は覚えてなく、特異なパフォーマンスの部分は覚えているらしい。「先生の話はまじめな話か思うとエッチな話になり、エッチな話かと聞いていると案外まじめだったりで」。「とぼけてエッチな話をするし、とぼけてまじめな話をする先生じゃ」と言う。私は「ありがとう」という外はない。

「ところで君たち『好き』と『愛する』の違いが分かったかや」と聞く。皆頭を傾げ「よう分からん」と言う。「そうか」と落胆する。しかし、少なくとも「好き」と「愛する」は違うことは分かったはずである。それで「善し」と思った。後は、今高校生の彼らがこれからの人生で様々な情愛の体験を通して分かることを願うのみである。「愛」のほんとうのすがたを教室で言葉で教えても理解するには限りがある。愛は「知ること」でなく「行なうこと」で解るものであるからだ。

結婚相談

ある年の歳末《さいまつ》、博多から郷里への帰途、特急列車に乗った。午後六時頃小倉駅に着く。ほぼ満員の車内に新たな乗客が詰め込まれる。新幹線で下って来た人達である。その乗客の中で際立って派手な服装をしている若い美しい女性と目が合った。あまり見つめると失礼と思い読みかけの文庫本に目を移す。

二、三駅を過ぎると立っている乗客も少なくなった。別府駅で前の席が空いた。その時、香水の匂いと共に私の前に女性が坐った。「佐野先生ではありませんか、私を覚えていらっしゃいますか」と尋ねる。驚く。あの派手な女性だと確認すると同時に戸惑う。覚えていないのである。「はてー？」と教え子の美女クラスの全ての女子の記憶を呼び起こす。分からない。女性は長いまつげの目を笑わせながら、

「私、K中の日高（仮名）です」。

戸惑いながら「僕のクラスでしたかね」。

「いいえ、当時三年でした」。思い出した。「そうだ君は、海辺地区の日高さんだ。バレー部の日高さんか。君のお父さんは僕の教え子だったんだ。お父さんに似ず美人だなあ」。ホッとした。

成人した女子の教え子を思い出すのは苦労をする。彼女はうれしそうに「先生、相変わらず上手ね」と言う。「先生の学年ではなかったが道徳の時間に先生の面白い授業があり、楽しかった」

「そうか、ありがとう。ところで、今何をしているの」

「京都のレストランで働いています」

「そう、それはよかった。僕の授業で何を覚えているの」と聞く。

「『好きだったら結婚してもいいの』の話です」とニコニコして話す。「そうか、恋人ができたね」

彼女、恥ずかしそうにうなずく。

「それで、結婚は」

「今、考えているところです」

「そうか、何を」

「いろいろと」

「そうだね、しっかりと考えるんだよ。それで、両親に相談するために帰っているんだね」

「そうです」

「それは素晴らしいことだ」と喜び「結婚は共に白髪になるまで長い共同生活だ。子どもを育て、家庭をつくる大事業でもある。迷うことは当然だよ」。ここまで話したとき横の席に見知らぬ乗客がいるのに気づく。よけいな詮索《せんさく》は止める。

「よし、先生が良いことを教えてやろう。家に帰り着いたら先ず《ま》一番にお仏壇にお灯明《とうみょう》をあげ、手を合わせご祖先に『お蔭で立派に成人しました。良い職に就《つ》き、元気に働いています。そして、好きな人もできました。結婚するかどうか迷っていますが、私を守ってくださるご祖先様がきっと善い解決を知らせてくれます。ありがとうございます』と感謝するのです。次の日は鎮守《ちんじゅ》の神様に行き、同じように祈るのです。そして、『これで善し』と安心して正月を楽しむのです。すると、きっと良い解決があなたに閃《ひらめ》くのです。その閃きに素直に従うことです。そこに善い道が開けます」

日高さんは笑いながら「やってみます」と答えた。

数年後、日高さんの父に会う。聞いてみると一児の母として大阪に住んでいるという。

課題解決

研究会場を出ると笑いながら、「先生の課題が分かりました」と言ってくる女性がいた。彼女は「森の中の話」の時、人形を作ってくれ、またよく出前授業の参観に来ていた新卒女教師であった。彼女に「『神様は何故、排泄器のすぐ側に生殖器をお造りになったのだろう』これがあなたの課題です」とふざけながら冗談半分に言ったのである。すっかり忘れていた。

私は「そう、分かりましたか。良かった。旦那様を本当に愛していますね。お子さんは」

「昨年秋、長男が生まれました」

「そうか、おめでとう」

「先生の特別授業のお手伝いをした、あの頃勉強になりました」

「そう、こちらこそありがとう」

当時、痩《や》せぎすの新任教師が今は心身ともに丸みを帯び、充実して幸せそうであった。

あとがき

お父さんが子どもに与えるもの

父親が子どもに与えるものと真正面から問われてみても、普通のお父さんは困ってしまう。そんなに難しいことは仕事に追われて勉強もしていないし、分かりもしない。最近は女房の方がやれＰＴＡや教育講演会などに出かけ色々と知ったふうなことを言う。こちらはテレビの耳学問や新聞の目学問でしかない。教育のことはよく分からない。しかし、子どもを思う気持ちは誰にも負けないし、真面目に働き、女房子どもを楽にしてやりたい気持ちは有り余る程ある。役人の不正行為に腹が立ち、今の不景気は不安である。しかし、子どもだけはマトモに立派に育ってもらいたいし、わが子に父を乗り越えてもらいたい。こんな思いは切ない程にある。これがお父さんである。与えるものは、そんな思いで働き、生きている姿であり、時折発する激しい言葉かも知れない。自分に備わっている以上のものを与えることは出来ない。俺の生きざまを見て感じてくれ、分かってくれと叫びたいことであろう。

昔の父親のいる食事

戦時中であっただろう、板敷きの間に丸い大きな食卓に一家がみんな正座している。かまどの煤《すす》ですすけ真っ黒な天井から電灯が一つ光っている。朝の外はまだ暗い。畳の上の長火鉢を挟んでじいさんとばあさんは箱膳《はこぜん》である。食卓は土間の上がり口に一番近い所にお母ちゃん、お櫃《ひつ》を挟んでお父ちゃんが坐る。お母ちゃんの隣が兄、その隣に工業学校に通う従兄《いとこ》、その隣が私であり、次に弟が坐り、幼い妹が父の隣に坐るようになっている。みんな黙って坐っている。食事中は話すことを禁じられているのである。それぞれの専用の子どもの茶碗の中はまだ空である。中々自分まで回ってこない。正座の足が板敷きで冷たく痛い。正座を崩すと「つね！」と叱られる。じいさん、ばあさんからつぐ、次に父そして、従兄、兄、その後に私、差し出した茶碗についでくれる。弟や妹には早くつぐこともあった。小学校の五年生の頃である。丸麦の入ったご飯で、牛にも同じ丸麦を餌にしていた。上がり口の敷居には弁当が六つ、ついだばかりの飯から盛んに湯気が出ている。オヤジがいるので皆黙々と食べている。早くこの雰囲気から離れたい。あまり早いと「よう、噛《か》んで食《く》え」と叱られる。食事の場は苦痛であった。オヤジがいると身も心も引き締まった。しかし、このことはどこの家でもあることと思っていたし、別に特別なこと、不満なことではなかった。

父の姿を見て

天気の良いある日曜日、久しぶりに車を洗っている。あたりは静かで小春日《こはるび》の日射しが心地よい。すると、五歳の秀明が車を洗っている私の足にまといつく。半べそ顔である。「どうした」と聞くと黙って足下で下を向いている。気がつくといつの間にかいなくなっている。しばらくして、走って帰り、不満そうに車の周りをぶらぶらしている。放っておいたら、いつの間にかいなくなっていた。さては、近所の子どもの仲間入りをしようとするが意地悪されたり、遊びからはずされたりしているのだ。悔しくて帰ってきて、オヤジの顔を見て気を取り直し、また勇気を出して行っているのだと思った。次は、門口まで帰り、竹の棒で門柱をしきりに叩いていたが、またいなくなった。その後は帰ってこなかった。秀明の奴とうとう他人橋を渡り切って友達に認められたなと思った。

こうしてお父さんはそこに居るだけで子どもの成長に大きな力を与えるのである。

父親の最初の贈り物

年末に小、中、高校生の楽しい練成会があった。私は「親に感謝しよう」という演題で小学生に話すことになった。今の小学生に四十五分も何を話せば時間を保てるか分からなかった。困った。親の子育ての苦労を話し「感謝しよう」などの月並みな話ではとうてい四十五分は静寂を保てない。そこで気付いた。名前の話をしよう。名前は皆持っているし、親の願いがこもっている。大いに名前を誉《ほ》め、親の切なる気持ちを分からせ感謝させようと決めた。そこで、まず私の名前を貼り「恒雄」の読み方を聞いてみた。「つねお」と読めたのが一人いた。大いに誉めて「良く読めたな」と言うと「僕のお父さんもその字です」と言う。気が抜けた。そこで五、六年生を前に出して黒板に名前を書かせた。例えば、このようにした。岩永亮（まこと）君の「亮」は「りょう」とも読み「明らか」とか聡明であるという意味があるのだよ。好い名前だなあ。君は人より一段高い所にいて、物事が良く見え分かる人ということだよ。そんな好《よ》い名前をお父さんが考え、お母さんが賛成してくれたので付いた名前だよ。良かったなあ。このように、次々と名前の良い意味を言い、誉め讃《たた》えて祝福する。そして、学年でまとまって大声で父母に感謝させた。四十数人いたので全員できなかった。名前をほめることが出来なかった低学年の子には次回に続きをやると約束をして不満を押さえた。

子どもは自分の名前を誉められると「こんなに嬉しいのか」と感動した。親の願いが分ったからであろう。子どもの名付けの主役は父親である。父親のわが子に対する最初の贈りものは、わが子に寄せる熱い思いや願いのいっぱい詰った名前であろう。この名前に込められた思いや願いを時にはゆっくりと子どもに話して聞かせることが父親の仕事であると思うのである。

逃げないでお父さん

あれは、秀明が小学校五年の頃だったと思う。夏休みの暑い午後、上浦海岸に秀明を水泳につれて行き、泳がせて午後四時頃帰ることになった。臨時駐車場には車が無造作に置かれていた。私の車には両側の車が接近し過ぎていた。秀明を車に乗せ、ゆっくりと発進した。真直ぐに進み道路に出てから左折した。車の後部が脱出する時、右の車にカチンと触れた。「しまった」と車を安全な所に止め、黒塗のクラウンデラックス車を見た。真新しく光る車体に一センチ足らずの小さなキズが一筋付いていた。私はこのような豪華な車に乗るのは相当な金持ちか、組員の人であろうと思った。助手席の秀明に「たいしたことはない」と言って車を発進させた。秀明は心配そうな顔をしている。逃げているのだ。大したことはないからと言っても逃げていることは確かだ。秀明になんと言えるのかなど考えると自分の行為が恥ずかしくなった。約七、八百メート程走って引き返した。

クラウン車の持ち主はまだ帰って来なかった。待った、炎天下に秀明と待った。一時間が過ぎたころ、いが栗頭のアロハの太った男が帰って来た。私は肚《はら》を決めた。「済みません。車にキズをつけました」と言って頭を下げた。男は「どこにや」とサングラスを取って見る。「うん、確かについちょる」と言って睨《にら》む。私はこういう者でと言って身分を明らかにした。男は秀明の方に目をやり「だいぶん、待ったんか。暑かったじゃろう」と言って私の方を向き「いいで、こんくらいのキズ拭けばなおる」と言って笑った。私は貴方《あなた》のお名前と住所を教えて下さいとお願いした。彼は手を振って「もう、よい」と言って帰り仕度にかかった。私は幾度もお礼を言って帰った。帰りの車で二人とも黙って帰った。父親として格好の悪い所を見せた。しかし、謝って良かったとつくづく思いながら車を走らせた。秀明はこのことを覚えていないだろう。

お父さん出番ですよ

「お父さん出番ですよ」と言われても本当の所よく分からないお父さんが多いのではないか。いつ、どこで、どのように出れば好いのか分からないと言うのが本音であろう。何時《いつ》といっても、暇がある時とか、子どもが呼んでいる時とか、家内が忙しい時とか色々あると思う。特には決まっていないと思う。

ただ、子どもが問題を起こした時が絶好の出番、その場で真正面から取り組むことが良いのではないか。また、中学生や高校生になってしょっちゅう出ていては子から嫌がられるだけである。だから、出るのなら父親の権威がまだ落ちていない、幼児期や学童期に多くの出番を作り躾《しつ》けておくのが賢明である。

何処《どこ》でと言われても困る。家庭が中心であろうが、必要な時には何処でも出かけることも必要であろう。

どのようにと言うがこれが難しい。父親は空港の「管制塔」と言う人もある。また、「灯台」と言う人がある。管制塔も灯台も航空機や船舶に必要な方向性や情報をしっかりと伝えることが仕事である。そして、どんなに嵐が来ても、忍耐強く、継続して進路や情報を知らせる任務は放棄できない。おしゃべりな管制塔や灯台なんて聞いたこともない。各々が持つ特色のある伝え方をして、要《い》らぬことは言わない。灯台はただ光るだけ、ひたすら光るだけ、後は真直ぐに立つ清潔な姿を見せるだけである。それで良いのではないか。それで、もう立派な父親である。もっと何か立派な「父親論」を書けといっても私には書けない。いろいろな人が立派な父親論を書いています。是非読んで下さい。

世の中のお父さん、堂々と父親をやろうではありませんか。人真似《まね》でない等身大の父親をやれば良いのです。子どもは貴方《あなた》が愛してくれていることを知っていて、その父が懸命に働いている姿を見せれば必ず付いてきます。そこにいるお父さん、不正を憎み、子どもに恥ずかしい行ないは絶対にしまいと誓い、懸命に生きているお父さん、その姿はもう立派なお父さんです。堂々とお父さんをやりましょう。

著者紹介
佐野恒雄（さの　つねお）
昭和９年生れ。昭和30年大分大学学芸学部卒業。同年大分県津久見市立越智小学校教諭として勤務。以来大分県内の小・中学校の教諭を務め、臼杵市立下の江小学校教頭、臼杵市立福良ヶ丘小学校校長。平成６年定年退職後、臼杵市福祉事務所家庭児童相談室家庭相談員。新教育者連盟大分県支部長。

お父《とう》さん出番《でばん》ですよ

発　行　　平成14年2月20日　初版発行

著　者　　佐野恒雄《さのつねお》　〈検印省略〉
発行人　　岸　重人
発行所　　株式会社日本教文社
〒107-8674　東京都港区赤坂9-6-44
電話03(3401)9111（代表）
03(3401)9114（編集）
FAX03(3401)9118（編集）
03(3401)9139（営業）
頒布所　　財団法人世界聖典普及協会
〒107-8691　東京都港区赤坂9-6-33
電話03(3403)1501（代表）
振替00110-7-120549
印刷・製本　光明社

ISBN4-531-06368-6

日本教文社のホームページ　http://www.kyobunsha.co.jp/